U0882467

铁路运输主要工种考前自测——电力线路工、轨道车司机、汽车司机、内燃钳工

《铁路运输主要工种考前自测丛书》编委会

中国铁道出版社

2012年·北京

内容简介

本书为《铁路运输主要工种考前自测丛书》之一，根据铁道部最新规章规范编写，分为电力线路工、轨道车司机、汽车司机、内燃钳工等几个部分，题型简单，通俗易会，是各类职业技能测试必备参考用书。

图书在版编目(CIP)数据

铁路运输主要工种考前自测丛书．电力线路工、轨道车司机、汽车司机、内燃钳工/《铁路运输主要工种考前自测丛书》编委会组织编写．—北京：中国铁道出版社，2012

ISBN 978-7-113-14823-2

Ⅰ．①铁… Ⅱ．①铁… Ⅲ．①铁路运输—职业技能—考核—自学参考资料 Ⅳ．①U2

中国版本图书馆 CIP 数据核字(2012)第 122583 号

书　　名：铁路运输主要工种考前自测——电力线路工、轨道车司机、汽车司机、内燃钳工

作　　者：《铁路运输主要工种考前自测丛书》编委会

责任编辑：孙　楠　王风雨　**编辑部电话：**021-73421　**电子信箱：**tdpress@126.com

编辑助理：王佳琦

封面设计：冯龙彬

责任校对：王　杰

责任印制：陆　宁

出版发行：中国铁道出版社(100054，北京市西城区右安门西街 8 号)

印　　刷：三河市华业印装厂

版　　次：2012 年 6 月第 1 版　2012 年 6 月第 1 次印刷

开　　本：787 mm×1 092 mm　1/32　印张：4.25　字数：95 千

书　　号：ISBN 978-7-113-14823-2

定　　价：18.00 元

前　　言

为全面实施人才兴路战略，落实高技能人才培养、选拔长效机制，确保铁路运输生产安全、持续、稳定发展，进一步激发、调动广大职工学业务、练技能、比技艺、争当技术能手的积极性，尽快提高全路运输主要工种职工基本业务素质，使全路运输生产一线主要工种职工有实用性强、通俗易懂、便于记忆的业务书籍可读，根据铁路最新相关规程规范，我们组织长期工作在运输生产一线既有扎实业务理论、又有熟练操作技能的业务骨干编写了这套《铁路运输主要工种考前自测丛书》，以飨铁路运输生产一线读者。

《铁路运输主要工种考前自测丛书》内容涵盖了铁路行车、货运、客运、铁道供电、车辆、电务等运输主要工种，并按照工种相似性编辑成册。本丛书根据《国家职业标准》、《铁路技术管理规程》、《铁路职业技能培训规范》和铁道部有关技术规章的要求，从铁路运输生产实际出发，参照铁道部铁路运输各工种抽考题库内容进行组稿编写。

《铁路运输主要工种考前自测——电力线路工、轨道车司机、汽车司机、内燃钳工》一书依据铁道部实施《铁路技术管理规程》、《铁路客运专线技术管理办法(试行)(200－250 km/h)(300－350 km/h)》《轨道车管理规则》、《铁路电力管理规则　铁路电力安全工作规程》、《铁路交通事故应急救援和调查处理条例铁路交通事故调查处理规则》等现行实施规章进行编写。在形式上，以选择、判断、填空、问答等常用题型与各工种理论模拟试题并附参考答案，简洁明了，通俗易懂;在内容上,保证所运用规章均系铁道部最新颁布的规章规范,并做到再版时随时修改更新;努力制作出实用性强、通俗易懂、便于记忆、深受运输生产一线职工欢迎的读本。

本书总共分四大部分编写,其中第一大部分为电力线路工部分,第一大部分分为两个小部分,具体为既有线电路线路工部分,高铁电力线路工部分。第一部分具体题型为选择题、判断题、简答题。第二大部分为轨道车司机部分,第二大部分分为四个小部分,具体为轨道车运用、轨道车 GYK 运行控制设备、轨道车保养、高铁行车组织。第三大部分为汽车司机部分,第四大部分为内燃钳工部分。第二、三、四部分具体题型为选择题、判断题。

本书由《铁路运输主要工种考前自测丛书》编委会主编,编委会主任由中国铁道出版社兼职策划编辑冯凡卡、副主任由长沙供电段刘翔、詹智超、广州供电段陈广云、贵阳供电段陈泽镜、怀化供电段梁正时、陈雄飞等兼任,本册主要编写人员为:刘翔、欧阳帆、陈思、朱伯刚、邓宏富等同志。长沙供电段卢华德、姚杰、赵灵龙、宋翀、唐小林等同志对本书进行审稿。中国铁道出版社相关编辑同志对本书修改提出了宝贵意见,长沙铁路西南铁运书店在本书的出版过程中给予了大力相助,在此表示衷心的感谢!

由于铁路改革和发展进程较快,现有规章在不断修改中,本书存在的遗漏和不到之处,恳请使用单位和读者提出宝贵意见和建议,以便进一步修订完善。

《铁路运输主要工种考前自测丛书》编委会

二〇一二年四月

目　录

第一部分　电力线路工

第二部分　轨道车司机

第三部分　汽车司机

第四部分　内燃钳工

第一部分　电力线路工

一、既有线电力线路工

(一)选 择 题

1. 钢筋混凝土支柱埋深,允许施工误差为(　　)mm。

A. ±400　　B. ±300　　C. ±200　　D. ±100

2. 杆塔施工误差在直线上一般为(　　)mm。

A. ±250　　B. ±300　　C. ±350　　D. ±400

3. 在站场电力施工中,支柱侧面对轨道中心的限界允许施工误差为(　　)mm。

A. ±100　　B. -60　　C. ±150　　D. -80

4. 钢绞线拉线绑扎线应采用直径为(　　)mm 镀锌铁线。

A. ϕ2.0　　B. ϕ3.2　　C. ϕ4.0　　D. ϕ4.8

5. 交流系统母线涂色时,地线应涂(　　)颜色。

A. 红　　B. 黑　　C. 黄　　D. 绿

6. 拉线棒埋设允许施工误差为(　　)mm。

A. ±200　　B. ±150　　C. ±100　　D. ±500

7. 一般架空线路导线架设时,一档内允许有(　　)个接头。

A. 1　　B. 2　　C. 3　　D. 4

8. 架空线路通过林区应砍伐出通道的径宽为(　　)m。

A. 12　　B. 10　　C. 8　　D. 6

9. 0.38 kV 架空线路与铁路交叉跨越时导线距轨面距离不应小于(　　)m。

A. 7　　　B. 7. 5　　　C. 8　　　D. 8. 5

10. 低压接户线安装后与窗户或阳台的最小水平距离为(　　)m。

A. 0. 6　　　B. 0. 65　　　C. 0. 7　　　D. 0. 75

11. 电力线路中电杆的接地引下线,其截面不应小于(　　)mm^2。

A. 20　　　B. 30　　　C. 40　　　D. 50

12. 接地体与建筑物的距离不应小于(　　)m。

A. 1. 5　　　B. 2　　　C. 2. 5　　　D. 3

13. 高压线路导线为等腰三角形排列时,最上层横担的中心距电杆的顶部为(　　)m。

A. 0. 5　　　B. 0. 6　　　C. 0. 7　　　D. 0. 8

14. 在最大风偏情况下,10 kV 以下导线与树木间的净距离不应小于(　　)m。

A. 2. 5　　　B. 3　　　C. 3. 5　　　D. 4

15. 导线在管内穿线时,管内导线的总截面不应大于管子截面积的(　　)。

A. 50%　　　B. 40%　　　C. 30%　　　D. 20%

16. 高压接户线入口处对地面距离不应小于(　　)m。

A. 3. 5　　　B. 4　　　C. 4. 5　　　D. 5

17. 交流母线排列,如无设计规定,上下布置时,相序应为(　　)。

A. a;b;c　　　B. c;b;a　　　C. a;c;b　　　D. b;c;a

18. 独立避雷针应设独立的接地装置,其接地电阻不应大于(　　)Ω。

A. 10　　　B. 15　　　C. 20　　　D. 25

19. 在低压配电中,适用于潮湿环境的配线方式是(　　)。

A. 夹板配线　　B. 槽板配线

C. 塑料护套管配线　　D. 瓷柱、瓷绝缘子配线

20. 在低压配电中,易燃、易爆场所应采用(　　)。

A. 瓷柱、瓷绝缘子布线　　B. 塑料护套线

C. 塑料管线　　D. 钢管线

21. 不能用于潮湿环境的布线是(　　)。

A. 塑料护套线　　B. 瓷柱、瓷绝缘子线路

C. 槽板布线　　D. 钢管线

22. 在两相三线供电线路中,零线截面为相线截面的(　　)。

A. 2 倍　　B. 4 倍

C. 3 倍　　D. 1 倍,即截面相等

23. 在三相四线供电线路中,零线截面应不小于相线截面的(　　)。

A. 1 倍　　B. 3 倍　　C. 1/3　　D. 1/2

24. 若正弦交流电压的有效值是 220 V,则它的最大值是(　　)V。

A. 380　　B. 311　　C. 440　　D. 242

25. 低压架空线路的接户线绝缘子角铁宜接地,接地电阻不宜超过(　　)Ω。

A. 10　　B. 15　　C. 4　　D. 30

26. 一只 5 A、220 V 单相电能表,其中的 5 A 是指这只电能表的(　　)。

A. 标定电流　　B. 额定电流

C. 瞬时电流　　D. 最大额定电流

27. 弧垂过大或过小的危害是(　　)。

A. 弧垂过大易引起导线碰线,弧垂过小因导线受拉应力过大而将导线拉断

B. 弧垂过大易引起导线拉断，弧垂过小影响导线的载流量

C. 弧垂过小易引起导线碰线，弧垂过大因导线受拉应力过大而将导线拉断

D. 弧垂过小易引起导线拉断，弧垂过大影响导线的载流量

28. 运行中的电容器在运行电压达到额定电压的(　　)倍时，应退出运行。

A. 1.05　　B. 1.10　　C. 1.15　　D. 1.20

29. 影响绝缘油的绝缘强度的主要因素是(　　)。

A. 油中含杂质或水分　　B. 油中含酸值偏高

C. 油中含氢气偏高　　D. 油中含氮或氢气高

30. 如测得变压器铁芯绝缘电阻很小或接近零，则表明铁芯(　　)。

A. 多点接地　　B. 绝缘良好

C. 片间短路　　D. 运行时将出现高电位

31. 导线与接续管进行钳压时，压接后的接续管弯曲度不应大于管长的(　　)，有明显弯曲时应校直。

A. 8%　　B. 6%　　C. 4%　　D. 2%

32. 10 kV 及以下架空电力线路紧线时，同档内各相导线弧垂直一致，水平排列时的导线弧垂相差不应大于(　　)mm。

A. 50　　B. 40　　C. 30　　D. 20

33. 线路局部停电作业结束后，应按什么顺序恢复送电(　　)。

①撤除地线；②摘下标示牌；③合闸送电

A. ①②③　　B. ②①③　　C. ③①②　　D. ③②①

34. 使用过的工作票由维修班组和供电工区分别保管。

工作票保存时间不少于(　　)。

A. 1 个月　　B. 3 个月　　C. 6 个月　　D. 12 个月

35. 供电电压波动幅度控制在额定电压的(　　)以内。电压波动超出控制范围时,应及时调整电压,以确保供电电压质量。

A. ±2.5%　　B. ±5%　　C. ±7.5%　　D. ±10%

36. 线路的导线与拉线、电杆或构架之间安装后的净空距离,1～10 kV 时,不应小于(　　)mm。

A. 400　　B. 300　　C. 200　　D. 100

37. 1～10 kV 线路每相引流线、引下线与邻相的引流线、引下线或导线之间,安装后的净空距离不应小于(　　)mm。

A. 500　　B. 400　　C. 300　　D. 200

38. 架空电力线路跨越标准铁路、电力线、公路(一、二)级、电车道、通信线(一、二)级及主要河流时,档距内(　　)。

A. 允许 1 个接头　　B. 允许 2 个接头

C. 不超过 3 个接头　　D. 不允许有接头

39. 在 10 kV 及以下的带电杆塔上进行工作,工作人员距最下层高压带电导线垂直距离不得小于(　　)m。

A. 1.5　　B. 1.1　　C. 0.9　　D. 0.7

40. LGJ-95 导线使用压接管接续时,钳压坑数为(　　)。

A. 10 个　　B. 14 个　　C. 20 个　　D. 24 个

41. 钳形电流表使用完后,应将量程开关挡位放在(　　)。

A. 最高挡　　B. 最低挡

C. 中间挡　　D. 任意挡

42. (　　)绝缘子应定期带电检测“零值”。

A. 棒式　　B. 悬式　　C. 针式　　D. 蝶式

43. 配电变压器中性点接地属(　　)。

A. 保护接地　　　　B. 防雷接地
C. 工作接地　　　　D. 过电压保护接地

44. 带电作业人体感知交流电流的最小值是(　　)mA。
A. 0.5　　B. 1　　C. 1.5　　D. 2

45. 高压接户线的铜线截面应不小于(　　)mm^2。
A. 10　　B. 16　　C. 25　　D. 35

46. 10 kV 电缆终端头制作前,要对电缆用 2 500 V 兆欧表测量其绝缘电阻,要求绝缘电阻不小于(　　)MΩ。
A. 50　　B. 100　　C. 150　　D. 200

47. 隔离开关在错合刀闸时,不允许把刀闸再拉开,这是因为避免成(　　)。
A. 相间短路事故　　B. 技术故障
C. 隔离开关烧坏　　D. 开关故障

48. 电力远动装置正常运行方式为"远方操作",因检修或设备异常时由客专电调下达调度命令改为"当地操作",并将操作情况如实记录,其运行时间不得超过(　　)h,设备处理完毕后应及时恢复正常运行方式。
A. 24　　B. 48　　C. 72　　D. 96

49. 恢复救援照明供电应按(　　)步骤完成。
①选取稳定电源方案并实施。以事故点为中心,找到最近箱变,接入事故电缆,迅速送至各需要照明的位置。
②保证良好的照明。根据事故救援总指挥意见和现场照明需要,及时进行照明器具和照度调整,保证良好的照度效果。
③启用带电池的事故照明灯进行照明。
A. ①②③　　B. ③①②　　C. ②①③　　D. ③②①

50. 配电所电源线、一级、综合贯通线故障应急处理程

序：(　　)

①根据武汉客专电力调度提供(或车间上报)的有关故障信息。

②段水电调度利用段内复视终端确认并分析有关故障信息。

③按报告制度进行报告,通知相关客专车间安排人员处理。

④处理完毕,向武汉客专电力调度汇报,恢复送电。

A. ①②③④　　B. ①③②④

C. ③①②④　　D. ②①③④

51. 配电所内、电力远动设备故障应急处理程序：(　　)

①根据武汉客专电力调度提供(或车间上报)的有关故障信息。

②段水电调度利用段内复视终端确认并分析有关故障信息。

③按报告制度进行报告,通知负责设备维修的相关车间安排人员处理(同时通知相关客专车间配合)。

A. ①②③　　B. ③①②

C. ②①③　　D. ①③②

52. 线路施工时,耐张绝缘子串的销子一律(　　)穿。

A. 向右(面向受电侧)　　B. 向左(面向受电侧)

C. 向上　　D. 向下

53. 柱上断路器的安装,其安装高度应达到(　　)m 以上。

A. 2　　B. 3　　C. 4　　D. 5

54. 针式绝缘子使用安全系数应不小于(　　)。

A. 1. 5　　B. 2. 5　　C. 3. 5　　D. 4. 5

55. 垂直接地体的间距不宜小于其长度的(　　)。

A. 1 倍　　B. 2 倍　　C. 3 倍　　D. 4 倍

56. 接地线沿建筑物墙壁水平敷设时，离地面距离(　　)mm为宜。

A. 100～200　　B. 150～200

C. 200～250　　D. 250～300

57. 独立避雷针(线)的接地网与电气设备接地网的距离不应小于(　　)m。

A. 1　　B. 2　　C. 3　　D. 5

58. 隔离开关的导电部分的接触好坏，可用0.05 mm×10 mm的塞尺检查，对于接触面宽度为50 mm及以下时，其塞入深度不应超过(　　)mm。

A. 2　　B. 4　　C. 6　　D. 8

59. 配电线路的10 kV线路中，直线杆应选用(　　)。

A. 悬式绝缘子　　B. 针式绝缘子

C. 蝶式绝缘子　　D. 合成绝缘子

60. 导线接头最容易发生故障的是(　　)连接形式。

A. 铜—铜　B. 铜—铝　C. 铝—铝　D. 铜—铁

61. 杆上营救的最佳位置是救护人高出被救者约(　　)mm。

A. 50　　B. 500　　C. 20　　D. 200

62. 线路导线的电阻与温度的关系是(　　)。

A. 温度升高，电阻增大　B. 温度升高，电阻变小

C. 温度降低，电阻不变　D. 温度降低，电阻增大

63. 敷设电缆时，应防止电缆扭伤和过分弯曲，电缆弯曲半径与电缆外径的比值，交烯护套多芯电缆为(　　)。

A. 5　　B. 10　　C. 15　　D. 20

64. 地锚的抗拔力是指地锚受外力垂直向上的分力作用时，抵抗(　　)滑动的能力。

A. 向左　　B. 向右　　C. 向上　　D. 向下

65. 紧线操作时,有一定的过牵引长度,为了安全,一般规定导线过牵引长度应不大于(　　)mm,同时,导线的安全系数大于2。

A. 100　　B. 200　　C. 300　　D. 400

66. 在室外制作6 kV及以上电缆终端头与中间接头时,其空气相对湿度宜为(　　)以下。

A. 50%　　B. 60%　　C. 70%　　D. 80%

67. 电缆穿过小河、小溪时保护管的埋设深度在河床以下不小于(　　)m处。

A. 0.3　　B. 0.5　　C. 0.6　　D. 0.8

68. 电缆中间接头的外壳与邻近电缆的距离不应小于(　　)m。

A. 0.2　　B. 0.25　　C. 0.3　　D. 0.35

69. 多根电缆接头要前后错开,其距离不应小于(　　)m。

A. 0.3　　B. 0.5　　C. 0.6　　D. 0.8

70. 直埋电缆采用保护板防护时,其上、下部应铺以厚度不小于(　　)mm的软土或沙层。

A. 50　　B. 100　　C. 200　　D. 250

71. 直埋电缆采用保护板防护时,保护板覆盖宽度应超过电缆两侧各(　　)mm。

A. 50　　B. 100　　C. 200　　D. 250

72. 直埋电缆在直线每隔(　　)m处应埋设电缆标桩。

A. 30 ~ 50　　B. 50 ~ 100

C. 100 ~ 150　　D. 150 ~ 200

73. 电力电缆支架、桥架间水平敷设时,最小允许净距为(　　)m。

A. 0.8　　B. 1　　C. 1.5　　D. 2

74. 电力电缆支架、桥架间垂直敷设时，最小允许净距为(　　)m。

A. 0.8　　B. 1　　C. 1.5　　D. 2

75. 控制电缆支架、桥架间水平敷设时，最小允许净距为(　　)m。

A. 0.8　　B. 1　　C. 1.5　　D. 2

76. 控制电缆支架、桥架间垂直敷设时，最小允许净距为(　　)m。

A. 0.8　　B. 1　　C. 1.5　　D. 2

77. 厂房内电缆沿墙敷设时，1 kV 以下电缆与 10 kV 电缆间的净距为(　　)m。

A. 200　　B. 250　　C. 300　　D. 350

78. 厂房内电缆沿墙敷设时，1 kV 以下电缆与绝缘导线间的净距为(　　)m。

A. 100　　B. 250　　C. 300　　D. 350

79. 厂房内电缆沿墙敷设时，10 kV 电缆与绝缘导线间水平的净距为(　　)m。

A. 200　　B. 250　　C. 300　　D. 350

80. 使用万用表时，要将黑表笔接到标有(　　)号的插孔内。

A. +　　B. -　　C. GND　　D. 其他

81. 垂直敷设或超过 45°倾斜敷设的电缆在每个支架、桥架上每隔(　　)m 处应加以固定。

A. 1　　B. 1.5　　C. 2　　D. 2.5

82. 水平敷设的电缆，当对电缆间距有要求时，每隔(　　)m 处应加以固定。

A. 1 ~ 3　　B. 3 ~ 5　　C. 5 ~ 10　　D. 10 ~ 15

83. 电缆保护管内径不应小于电缆外径的(　　)。

A. 1.5 倍　　B. 2 倍　　C. 2.5 倍　　D. 3 倍

84. 每根电缆保护管的弯头不超过(　　)个。

A. 1　B. 2　C. 3　D. 4

85. 每根电缆保护管的直角弯头不超过(　　)个。

A. 1　B. 2　C. 3　D. 4

86. 明敷电缆保护管的支持点距离不宜超过(　　)m。

A. 1　B. 2　C. 3　D. 4

87. 混凝土管、陶土管、石棉水泥管等电缆保护管敷设时,电缆管内无积水、无杂物,且应有不应小于(　　)的排水坡度。

A. 0. 05%　B. 0. 1%　C. 0. 15%　D. 0. 2%

88. 隧道内敷设电缆时,钢索托架应安装牢固,装设距离直线部分不宜大于(　　)m。

A. 20　B. 30　C. 40　D. 50

89. 隧道内敷设电缆时,钢索托架应安装牢固,装设距离曲线部分不宜大于(　　)m。

A. 15　B. 30　C. 40　D. 50

90. 隧道内敷设电缆时,钢索每隔(　　)m 设一耐张段。

A. 200 ~ 300　B. 300 ~ 500

C. 500 ~ 600　D. 600 ~ 700

91. 索道内沿钢索悬挂敷设电力电缆时,电缆悬挂点应均匀,悬挂点的最大间距为(　　)m。

A. 0. 75　B. 0. 8　C. 0. 9　D. 1

92. 索道内沿钢索悬挂敷设电缆时,电缆与潮湿渗水的隧道壁的距离不应小于(　　)mm。

A. 50　B. 60　C. 70　D. 80

93. 隧道内电缆固定支架不得侵入建筑限界内,高压电缆固定支架下端距钢轨面不应小于(　　)m。

A. 2. 5　B. 3. 5　C. 4. 5　D. 5. 5

94. 隧道内电缆固定支架不得侵入建筑限界内,低压电缆固定支架下端距钢轨面不应小于(　　)m。

A. 3　　B. 3. 5　　C. 4　　D. 4. 5

95. 水泥杆埋入地下的深度,一般为杆长的 1/6,最低不得少于(　　)m。

A. 1　　B. 1. 5　　C. 2　　D. 3

96. 裂纹和硬伤面积超过(　　)mm^2 以上的绝缘子用在线路上,在阴雨天气的运行中,易发生击穿和闪络故障。

A. 100　　B. 80　　C. 60　　D. 40

97. 拉线采用钢绞线和镀锌铁线制作时,规程规定其截面要求为:钢绞线 25 mm^2 以上;镀锌铁线(　　)mm 以上。

A. $9 \times \phi 3.2$　　B. $5 \times \phi 3.2$

C. $7 \times \phi 2.6$　　D. $3 \times \phi 4.0$

98. 铝母排与变压器连接时应(　　)连接。

A. 直接　　B. 用铝设备线夹

C. 用铜铝过渡线夹　　D. 用铜设备线夹

99. 10 kV 转角单杆立好后,横向位移不应大于(　　)mm。

A. 50　　B. 100　　C. 150　　D. 200

100. 以螺栓连接构件,必须加垫圈者,每端垫圈不应超过(　　)个。

A. 1　　B. 2　　C. 3　　D. 4

(二)判 断 题

1. 杆上变压器台架距离地面高度不应低于 3 m。(　　)

2. 电力电缆埋入地下深度不应小于 0. 9 m。(　　)

3. 根据铁路用电设备的重要程度,电力负荷分为三级,其中自动闭塞供电属于三级负荷。(　　)

4. 居民区内 1 kV 以下架空线路在导线最大弛度时，线路对地面最小距离为 6 m。（　）

5. 低压电缆终端头或接头处预留备用段长度不小于 4 m。（　）

6. 架空线路与弱电线路交叉跨越时，应架设在弱电线路的下方。（　）

7. 直线杆低压同杆架设时，其两层横担间的最小垂直距离为 500 mm。（　）

8. 水平拉线跨越铁路时，对轨面高度不应小于 7 m。（　）

9. 将零线上的一点或多点与地再次做电气连接叫做重复接地。（　）

10. 当杆坑使用底盘时，双杆的两杆深度差不应大于 20 mm。（　）

11. 接地是指将电器设备、杆塔或过电压保护装置用导线与接地体连接起来。（　）

12. 隔离开关安装时其可动刀片张开角不得小于 75°。（　）

13. 隔离开关刀片与定触头的接触必须良好，用 0. 05 × 10 mm 的塞尺检查接触情况，其塞进深度不得大于接触面宽度的 10% 。（　）

14. 电缆穿越农田时埋深不应小于 1 m。（　）

15. 单横担应设 M 形抱铁，采用双横担，可不设 M 形抱铁。（　）

16. 拉线距 10 kV 带电部分最小距离和拉线距 0. 38（0. 22）kV 带电部分最小距离相等。（　）

17. 钢芯铝绞线、硬铝绞线在杆塔上的过引线应采用铁制并沟线夹连接。（　）

18. 10 kV 架空电力线路电杆外缘至轨道边缘的最小距离应为 3 m。 (　　)

19. 三相负载接在三相电源上,若各相负载的额定电压等于电源的线电压,应作三角形连接。 (　　)

20. 测量二次回路的绝缘电阻用 1 000 V 兆欧表,亦可用 500 V 兆欧表代替,电压低于 2 kV 回路只允许用 500 V 兆欧表测量。 (　　)

21. 防止雷电直击电气设备一般采用避雷器和放电间隙,防止感应雷击一般采用避雷针及避雷线。 (　　)

22. 交流电的有效值等于最大值的 1/2。 (　　)

23. 正弦交流电路的功率因数为电路的有功功率与无功功率的比值。 (　　)

24. 功率因数太高时会降低电源设备的利用率,增加供电线路上的功率损耗。 (　　)

25. 人体同时接触三相供电系统的任意两相时,不会造成太大的危险。 (　　)

26. 电击伤的伤害程度与电流的频率有关。 (　　)

27. 隔离开关的触点间可以涂中性凡士林来减少摩擦阻力,延长使用寿命,也可防止触点氧化。 (　　)

28. 只有在短路或过电流的情况下,熔断器才可能熔断。 (　　)

29. 导线烧伤断股的截面达到 16% 时,可采用同规格的单股线在烧伤处缠绕,缠绕的长度为烧伤段的两倍。 (　　)

30. 三相电源中 A、B、C 或 U、V、W 规定的颜色以依次为红、绿、黄。 (　　)

31. 变压器运行时会发出清晰而有规律的轻微“嗡嗡”声,这是正常现象。 (　　)

32. 变压器并联运行时,只要各变压器的连接组别相同

即可。（　）

33. 充油电缆有中间接头时，应先制作、安装中间接头，后制作、安装终端头。（　）

34. 电缆线路以每条为一鉴定单位，按 km/条统计。（　）

35. 运行中的变压器，如声音突然升高，发生的原因主要是大容量动力设备启动或过载。（　）

36. 备用绝缘油应经常保持良好状态，并定期进行试验，废旧油应经过再生处理后方可继续使用。（　）

37. 中性点绝缘系统和小电流接地系统单相接地故障应及时处理，允许故障运行时间一般不超过 2 h。（　）

38. 三相四线制的零线截面不宜小于相线截面的 50% 。（　）

39. 10 kV 高压隔离开关的绝缘电阻测量时，50 MΩ 以上即为合格。（　）

40. 接地体是指直接与大地接触的金属导体或金属导体组。（　）

41. 接地线是电气设备接地部分与接地连接用的导线。（　）

42. 接地装置是接地线和接地体的总称。（　）

43. 电缆条数较少，在缆沟内敷设可设于沟底。（　）

44. 支架上电力电缆间的水平净距不应小于 35 mm。（　）

45. 电力电缆与控制电缆间的水平净距不应小于 150 mm。（　）

46. 二氧化碳灭火器可用于 6 kV 以下的电气设备的灭火。（　）

47. 泡沫灭火器可用于电气设备火灾。（　）

48. 绝缘电阻测量完毕，应先停止摇动兆欧表，然后再撤线。 (　　)

49. 在潮湿处所电缆与隧道壁间的距离不小于 50 mm。 (　　)

50. 电缆隧道的净高度不应小于 1.9 m，有困难时，在局部地段可降低，但不应小于 1.4 m。 (　　)

51. 当零线兼做零保护线路时，可以在零线上装设熔断器。 (　　)

52. 在中性点直接接地的低压电力网中采用接零时，将零线上一点或多点再次与地做金属性接地连接称为保护接地。 (　　)

53. 漏电保护器由零序电流互感器、漏电脱扣器和主开关三部分组成。 (　　)

54. 如错合隔离开关，无论是否造成事故，都应迅速拉开。 (　　)

55. 不允许在三相四线制的零线上装设开关和熔断器。 (　　)

56. 电压互感器低压侧装设熔断器，是为了当电压互感器过流和低压电路发生短路时，保证互感器不受损坏。 (　　)

57. 任何两个彼此绝缘的带电导体间都存在电容。 (　　)

58. 变压器与电源相连的绕组称为一次绕组，与负载相连的绕组称为二次绕组。 (　　)

59. 变压器工作时，一、二次绕组中的电流跟线圈的匝数成正比。 (　　)

60. 中性点不接地系统发生一相接地时，接地相相电压降低，非接地相相电压升高。 (　　)

61. 低压接户线与弱电线路交跨且在弱电线路上方时，二者的垂直距离不小于 800 mm。 (　　)

62. 终端杆除承受导、地线的垂直荷重和水平风力外，还要承受顺线路方向导、地线的拉力。 (　　)

63. 阀型避雷器一般都安装在跌落式熔断器与变压器之间。 (　　)

64. 低压空气自动开关具有较完善的灭弧能力，既能在正常情况下切合负荷电流，又能在短路、过载、失压等情况下自动分断电路，但不适于进行频繁操作。 (　　)

65. 采用铜铝过渡线夹来连接铜线与铝线可以避免接头过热或烧断。 (　　)

66. 隔离开关接触表面氧化物膜严禁用砂布打磨。 (　　)

67. 运行中的供电设备系指全部带有电压或部分带有电压及一经操作即可带有电压的设备。 (　　)

68. 停电操作必须按照断路器、母线侧隔离开关、负荷侧隔离开关顺序操作。 (　　)

69. 工作许可人可以根据需要自行变更安全措施。 (　　)

70. 根据实际情况可以电话约定时间停送电。 (　　)

71. 在无负荷开关时，隔离开关可以带负荷操作。 (　　)

72. 在多回路的设备上进行部分停电作业时应核对停电的回路与检修的设备，严防误停电或停电不彻底。 (　　)

73. 电力线路的检电应逐相进行。同杆架设的多层电力线路，应先验低压，后验高压，先验下层，后验上层。 (　　)

74. 装设接地线应接触良好，必须先接导体端，后接接地端。 (　　)

75. 倒闸作业票要有编号、依次序使用。作废的和使用过的倒闸作业票,应注明“作废”和“已执行”的字样。 (　　)

76. 在同杆架设的多层电力线路上验电时,应先验高压后验低压。 (　　)

77. 大电容设备或电容器耐压试验前后应充分接地、短路放电。 (　　)

78. 喷灯火焰与 10 kV 及以下带电部分的距离不应小于 2 m。 (　　)

79. 电弧是一种自持放电现象,只要很低的电压就能维持电弧稳定燃烧而不熄灭。 (　　)

80. 单相三孔插座,保护接地在上孔,相线在左孔,零线在右孔。 (　　)

81. 大档距观测弛度时,如人眼睛看不清时,可应用望远镜。 (　　)

82. 为避免导线的初伸长而采用减少弛度法进行补偿时,铝绞线减少的百分数为 20% 。 (　　)

83. 架空线路应装设自动重合闸装置,而电缆线路不装设自动重合闸装置。 (　　)

84. 35 kV 架空电力线路采用避雷线防雷时,靠近发、变电所的接地装置的接地电阻不得大于 5 Ω。 (　　)

85. 无规定时,接地体顶面埋设深度不宜小于 0. 3 m。 (　　)

86. 接地线在与公路、铁路等交叉及其他可能使接地线遭受损伤受,均应用管子或角钢加以保护。 (　　)

87. 接地体与接地线的连接应采用焊接,有色金属接地线不能采用焊接时,可采用螺栓连接。 (　　)

88. 接地体(线)的焊接应采用搭接焊,其搭接长度(圆钢)为其直径的 3 倍。 (　　)

89. 严禁在雾和雨中制作 6 kV 及以上电缆终端头和中间接头。 ( )

90. 沿隧道墙壁采用钢索悬挂电缆时,在潮湿处所电缆与隧道壁间的距离不应小于 30 mm。 ( )

91. 沿隧道墙壁采用电缆固定支架悬挂电缆时,高压电缆固定支架下端距钢轨面不应小于 3.5 m。 ( )

92. 沿隧道墙壁采用电缆固定支架悬挂电缆时,低压电缆固定支架下端距钢轨面不应小于 3 m。 ( )

93. 绝缘电阻测量完毕,应先停止摇动兆欧表,然后再撤线。 ( )

94. 接地电阻测试仪 40 m 长的一根线为电压探针,20 m 长的一根为电流探针,5 m 长的一根线用来接接地极。 ( )

95. 万用表在测量过程中可以切换量程开关。 ( )

96. 电度表前一般应设前开关,表前开关可用插入式熔断器代替。 ( )

(三)简 答 题

1. 为什么要进行预防性试验?
2. 电力电缆主要由哪几部分组成?
3. 电路短路后有哪些危害?
4. 隔离开关在运行中可能出现哪些异常?
5. 常用的电力电缆有哪几种?
6. 铁路架空线路常用的杆型有哪些?
7. 工作票有什么作用? 包括哪些内容?
8. 判断导线接头发热的方法有几种?
9. 简述低压刀开关的适用范围。
10. 如何选择兆欧表?

参考答案

(一)选择题

1. D　2. C　3. A　4. A　5. B　6. C　7. A
8. B　9. B　10. D　11. D　12. A　13. B　14. B
15. B　16. B　17. A　18. A　19. C　20. D　21. C
22. D　23. D　24. B　25. C　26. A　27. A　28. B
29. A　30. A　31. D　32. A　33. A　34. D　35. B
36. C　37. C　38. D　39. D　40. C　41. A　42. B
43. C　44. B　45. B　46. D　47. A　48. C　49. B
50. A　51. A　52. D　53. C　54. B　55. B　56. D
57. D　58. B　59. B　60. B　61. D　62. A　63. C
64. C　65. B　66. C　67. B　68. B　69. B　70. B
71. A　72. B　73. B　74. C　75. A　76. B　77. C
78. A　79. C　80. B　81. C　82. C　83. A　84. C
85. B　86. C　87. A　88. A　89. A　90. B　91. A
92. A　93. C　94. C　95. B　96. A　97. D　98. C
99. A　100. B

(二)判断题

1. ×　2. ×　3. ×　4. √　5. ×　6. ×　7. ×
8. √　9. √　10. √　11. √　12. √　13. √　14. √
15. ×　16. ×　17. ×　18. √　19. √　20. √　21. ×
22. ×　23. ×　24. ×　25. ×　26. √　27. √　28. ×
29. √　30. ×　31. √　32. ×　33. √　34. √　35. ×
36. √　37. √　38. √　39. ×　40. √　41. √　42. √
43. √　44. √　45. √　46. √　47. ×　48. ×　49. √

50. √ 51. × 52. × 53. √ 54. × 55. √ 56. √
57. √ 58. √ 59. × 60. √ 61. × 62. √ 63. √
64. √ 65. √ 66. × 67. √ 68. × 69. × 70. ×
71. × 72. √ 73. √ 74. × 75. √ 76. × 77. √
78. × 79. √ 80. × 81. √ 82. √ 83. √ 84. √
85. × 86. √ 87. √ 88. × 89. √ 90. × 91. ×
92. × 93. × 94. × 95. × 96. √

(三)简答题

1. 答:预防性试验可以发现电气设备内部隐患,配合检修加以清除,避免设备绝缘在工作电压和系统过电压下被击穿,造成停电和设备事故。

2. 答:电力电缆主要由线芯、绝缘层和保护层等几部分组成。

3. 答:当电源两端短路或用电器本身短路时,由于电源的内阻很小,所以电路中的短路电流增大到很大的数值。在短路时所产生的强大电流,可使电源本身以及接在电路中的仪表、电器与导线,由于过热而烧毁,甚至引起火灾,其危害极大。

4. 答:(1)接触部分过热。

(2)绝缘子破损、断裂,导线线夹裂纹。

(3)支柱式绝缘子胶合部因质量不良和自然老化造成绝缘子掉盖。

(4)因严重污秽或过电压,产生闪络、放电、击穿接地。

5. 答:常用的电力电缆有1 kV聚氯乙烯铝芯(VLV)、铜芯(VV)、10 kV交联聚乙烯电缆铝芯(YJLV)、铜芯(YJV)等。

6. 答:有直线杆、耐张杆、转角杆、终端杆、分歧杆、跨越杆、换位杆、设备杆。

7. 答:工作票是保证安全的组织措施之一,除在电压为380 V及以下的电动机和照明的单一回路上工作外,其余均应执行工作票制度,特别是在高压电气设备上工作,工作票尤为重要。执行工作票制度可以避免事故发生,同时,工作票又是准许在电气设备上工作的书面命令。工作票内容包括工作任务,即写明需要执行的工作任务(包括工作内容及范围)。参加作业人数及姓名,即填写全部工作人员及工作负责人。安全措施,即列出应操作哪些电气设备,指明在何处装设接地线,注明应悬挂的有关标示牌。工作完结后的送电程序包括如检查工作质量,清点材料及工具,集合全部人员拆除全部接地线和标示牌,试送电等。

8. 答:(1)变色漆;(2)试温蜡片;(3)半导体点温法;(4)红外线测量法;(5)在雨雪天观察接头有无发热。

9. 答:刀开关大部分都用在成套动力箱和开关柜中。额定电压500 V以下,额定电流100~1 500 A。装有灭弧室的可以切断负荷电流,其他的都只作隔离装置用。

10. 答:应根据不同试品的电压等级,选择相应等级的兆欧表。一般低压的使用500 V兆欧表,10 kV及以下的高压设备使用1 000 V或者2 500 V兆欧表,10 kV以上使用2 500 V兆欧表,110 kV及以上设备使用2 500 V或者5 000 V兆欧表。

二、高铁电力线路工

(一)选 择 题

1. 工作票的有效期不得超过( )天。

A. 1 B. 2 C. 3 D. 4

2. 触电伤员如意识丧失应在( )s 内用看、听、试的方法,判定伤员呼吸心跳情况。

A. 5 B. 10 C. 15 D. 20

3. 在线路上装设接地线所用的接地棒(接地极)应打入地下,其深度不得少于( )m。

A. 0.8 B. 0.6 C. 0.4 D. 0.5

4. 人体与 10 kV 及以下带电体的安全距离,有安全遮栏时,不得小于( )m。

A. 0.7 B. 0.6 C. 0.35 D. 0.75

5. 当所内高压设备发生接地故障时,工作人员不得接近故障点( ) m 内。如需进入上述范围或操作开关,必须有绝缘通道或穿绝缘靴,接触设备外壳和构架时,应戴绝缘手套。

A. 4 B. 8 C. 10 D. 6

6. 隧道内电缆固定支架不得侵入建筑限界内,低压电缆固定支架下端距钢轨面不应小于( )m。

A. 3 B. 3.5 C. 4 D. 4.5

7. 工作票在工作结束后由作业班组保存( )。

A. 三个月 B. 半年 C. 一年 D. 一个月

8. 在变、配电设备上的作业结束后,应按( )顺序恢复送电。

①撤除临时接地线,并按登记号码核对无遗漏;②撤除

临时防护物及各种标示牌；③核对摘下的标示牌数和结束工作组数是否相符；④恢复常设栅栏；⑤合闸送电。

A. ①②③④⑤　　B. ③①②④⑤

C. ①③②④⑤　　D. ①③②⑤④

9. 线路局部停电作业结束后，应按（　　）顺序恢复送电。

①撤除地线；②摘下标示牌；③合闸送电。

A. ①②③　B. ②①③　C. ③①②　D. ③②①

10. 电力线路检修时，工作人员应与带电设备保持一定的安全距离，当检修的线路电压等级为 1 ~ 10 kV 时为（　　）m。

A. 0.2　B. 0.7　C. 1.0　D. 0.75

11. 接地线与作业设备之间（　　）连接开关或熔断器。

A. 应该　　B. 不应

C. 视具体情况　　D. 必须

12. 一张倒闸作业票能填写（　　）操作任务。

A. 一个　　B. 两个以上

C. 不多于三个　　D. 三个以上

13. 更换变压器高压侧熔断器时，应先切断低压负荷，不准带负荷拉开（　　）A 以上无消弧装置的低压开关。

A. 50　B. 100　C. 150　D. 200

14. 高压试验必须由（　　）进行。

A. 1 人　B. 2 人　C. 3 人　D. 4 人

15. 电缆线路径路，每（　　）检查一次。

A. 月　B. 季　C. 半年　D. 一年

16. 停电、检电、接地封线工作必须由（　　）进行。

A. 1 人　B. 2 人　C. 3 人　D. 4 人

17. 武广客专贯通电缆采用（　　）电缆。

A. 单芯　B. 三芯　C. 四芯　D. 五芯

18. 隔离开关在错合刀闸时,不允许把刀闸再拉开,这是为了避免成(　　)。

A. 相间短路事故　B. 技术故障

C. 隔离开关烧坏　D. 开关故障

19. 电缆线路相当于一个(　　),停电后有剩余电荷,对地有电压。

A. 电阻　B. 电感　C. 电容器　D. 电流

20. 客专 10 kV 系统中性点采用(　　)运行。

A. 高电阻接地方式　B. 低电阻接地方式

C. 直接接地方式　D. 不接地

21. 客专 10 kV 变配电所内设备高压电容器组采用中性点(　　)星形接线成套固定柜。

A. 高电阻接地　B. 低电阻接地

C. 直接接地　D. 不接地

22. 客专 10 kV 电力电缆头采用(　　)。

A. 塑料橡皮电缆头　B. 交联聚乙烯电缆热缩头

C. 插拔式冷缩电缆头　D. 插拔式热缩电缆头

23. 电缆线芯电阻一般在直流下测量,电阻值在 100 Ω 以上使用(　　)。

A. 单臂电桥　B. 双臂电桥

C. 万用表　D. 兆欧表

24. 电缆线芯电阻一般在直流下测量,电阻值在 0.000 1 ~2 Ω 以上使用(　　)。

A. 单臂电桥　B. 双臂电桥

C. 万用表　D. 兆欧表

25. 武广客运专线是时速高达(　　)km 的高速铁路,其对电力供应质量提出了更高要求。

A. 200　　B. 250　　C. 300　　D. 350

26. 电力远动装置正常运行方式为“远方操作”，因检修或设备异常时由客专电调下达调度命令改为“当地操作”，并将操作情况如实记录，其运行时间不得超过(　　)h，设备处理完毕后应及时恢复正常运行方式。

A. 24　　B. 48　　C. 72　　D. 96

27. 日常设备巡视为每月不少于(　　)。

A. 1 次　　B. 2 次　　C. 3 次　　D. 4 次

28. 抢修信息反馈必须及时、准确，现场人员必须做到不少于(　　)min 跟段水电调度报告一次现场情况。

A. 15　　B. 30　　C. 45　　D. 60

29. 接到故障通知后，第一批抢修人员按规定带齐工具、材料按白天 15 min，夜间(　　)min 内必须出动。

A. 15　　B. 20　　C. 25　　D. 30

30. 恢复救援照明供电应按(　　)步骤完成。

①选取稳定电源方案并实施。以事故点为中心，找到最近箱变，接入事故电缆，迅速送至各需要照明的位置。

②保证良好的照明。根据事故救援总指挥意见和现场照明需要，及时进行照明器具和照度调整，保证良好的照度效果。

③启用带电池的事故照明灯进行照明。

A. ①②③　　B. ③①②　　C. ②①③　　D. ③②①

31. 配电所电源线、一级、综合贯通线故障应急处理程序为(　　)。

①根据武汉客专电力调度提供(或车间上报)的有关故障信息。

②段水电调度利用段内复视终端确认并分析有关故

障信息。

③按报告制度进行报告,通知相关客专车间安排人员处理。

④处理完毕,向武汉客专电力调度汇报,恢复送电。

A. ①②③④　　B. ①③②④

C. ③①②④　　D. ②①③④

32. 配电所内、电力远动设备故障应急处理程序为(　　)。

①根据武汉客专电力调度提供(或车间上报)的有关故障信息。

②段水电调度利用段内复视终端确认并分析有关故障信息。

③按报告制度进行报告,通知负责设备维修的相关车间安排人员处理(同时通知相关客专车间配合)。

④处理完毕,向武汉客专电力调度汇报,恢复设备运行。

A. ①②③④　　B. ①③②④

C. ③①②④　　D. ②①③④

33. 不属于区间设备巡视内容的是(　　)。

A. 沿线有无危及电缆线路及箱式变电站运行安全的施工或临时设施

B. 电缆路径,标桩及标识应齐全;电缆桥架完好

C. 箱式变电站外观检查,各门锁应完好无损

D. 断路器的运行状态及指示是否正常

34. 电缆沿墙支架敷设时,电缆支架的安装应符合要求:同层支架应在同一水平面上,其高低偏差不应大于(　　)mm。

A. ±1　　B. ±2　　C. ±3　　D. ±5

35. 爆炸危险场所使用的电缆和绝缘导线，其额定电压不应低于线路的额定电压，且不得低于(　　)V，绝缘导线必须敷设于钢管内。

A. 220　　B. 380　　C. 500　　D. 1 000

36. 电力电缆与控制电缆间的水平净距不应小于(　　)mm。

A. 15　　B. 150　　C. 180　　D. 250

37. 电缆沟表面应平整，每隔(　　)m 设置积水井一处。

A. 10 ~ 20　　B. 40 ~ 50

C. 30 ~ 35　　D. 80 ~ 90

38. 电缆沟盖板的重量不大于(　　)kg。

A. 60　　B. 70　　C. 50　　D. 80

39. 一般情况下规定电力线路正常运行时的电压损失不超过(　　)。

A. 8%　　B. 10%　　C. 15%　　D. 20%

40. 导线材料的(　　)高，可使线路的功率损耗、电能损耗减小，电压降减少。

A. 电阻率　　B. 功率　　C. 导电率　　D. 能耗率

41. 电压互感器能将系统的高电压变为标准的低电压(　　)V。

A. 36　　B. 50　　C. 100　　D. 110

42. (　　)气体绝缘强度大于空气，增加密度，可相当于变压器油绝缘强度。

A. SF_5　　B. SF_6　　C. SF_7　　D. SF_8

43. 避雷器与被保护设备的接地引下线，应接在同一接地装置上，接地装置的电阻一般不大于(　　)Ω。

A. 10　　B. 15　　C. 20　　D. 25

44. 电缆从地面或电缆沟引出时，地面上(　　)m 的一段应用金属管加以保护。

A. 1　　B. 2　　C. 3　　D. 4

45. 有关武广客专一级负荷贯通线与综合负荷贯通线的供电方向,正确的说法为(　　)。

A. 一级负荷贯通线由北往南主供,综合负荷贯通线由北往南主供

B. 一级负荷贯通线由北往南主供,综合负荷贯通线由南往北主供

C. 一级负荷贯通线由南往北主供,综合负荷贯通线由南往北主供

D. 一级负荷贯通线由南往北主供,综合负荷贯通线由北往南主供

46. 人体与 10 ~ 35 kV 电压等级带电体的安全距离,有安全遮栏时,不得小于(　　)m。

A. 0. 6　　B. 0. 7　　C. 1. 00　　D. 1. 5

47. 10 kV 配电所内当地倒闸作业命令记录、设备检修记录、设备巡视记录等保存(　　)年。

A. 1　　B. 2　　C. 3　　D. 4

48. 10 kV 配电所日常巡视由客专车间运行人员负责,每月巡视应不少于(　　)次,巡视时不得进行其他工作,并要认真填写配电所巡视记录本。

A. 1　　B. 2　　C. 3　　D. 4

49. 工作票签发人在检修作业实施时,需经(　　)要令停电或消令送电;检修作业完成后还需报(　　)核备,并做好记录。

A. 段客专调度　集团客专调度

B. 客专车间　段客专调度

C. 段电力调度　集团客专调度

D. 客专车间　集团客专调度

50. 接地线与作业设备之间(　　)连接开关或熔断器。

A. 应该　　B. 不应

C. 视具体情况　　D. 必须

51. 客运专线各种设备、设施必须满足运行(　　)km/h动车组列车的要求。同时还应满足跨线动车组列车安全运行的条件。

A. 100～160　　B. 160～200

C. 200～300　　D. 300～350

52. 客专线路应全封闭、全立交,线路两侧按标准进行栅栏封闭,对铁路技术作业的专用通道和处所,须设置(　　)的警示标志。

A. "非铁路作业人员禁止进入"

B. "有电危险"

C. "禁止攀爬"

D. "在此工作"

53. 电力负荷应根据对供电可靠性的要求和中断供电造成的损失及影响程度分为一、二、三级。(　　)负荷应由两路相互独立电源分别供电至用电设备或低压双电源切换处。当一路电源发生故障时,另一路电源不应同时受到损坏。

A. 一级　　B. 二级

C. 三级　　D. 一、二、三级

54. 客专各类设备简称中,AT 代表(　　)。

A. 调度集中设备　　B. 机车综合无线通信设备

C. 自耦变压器　　D. 固定用户接入交换机

55. 客专各类设备简称中,SCADA 代表(　　)。

A. 铁路数字移动通信系统

B. 监控及数据采集系统

C. 列控中心

D. 轨道控制网

56. 客运专线固定设备的上线检查、检测、维修工作都必须在(　　)进行,天窗时间应尽量安排在无缝线路允许作业轨温范围内。

A. 白天　　B. 夜间

C. 天窗时间内　　D. 有故障时

57. 武广客专全线设(　　)个无线闭塞中心(RBC),设备集中设置在武汉站。

A. 7　　B. 8　　C. 9　　D. 10

58. 武广客专正线及站线采用单相工频 25 kV 交流(　　)供电。

A. AT 供电方式

B. 直接供电方式

C. 带回流线直接供电方式

D. BT 供电方式

59. 供电电压波动幅度控制在额定电压的(　　)以内。电压波动超出控制范围时,应及时调整电压,以确保供电电压质量。

A. ±2.5%　　B. ±5%　　C. ±7.5%　　D. ±10%

60.《长沙供电段武广客运专线电力设备运行管理办法(暂行)》中规定,日常设备巡视,每月不少于(　　)次。

A. 1　　B. 2　　C. 3　　D. 4

61. 电缆的两相或三相导体之间发生绝缘贯穿性故障,称为(　　)故障。

A. 接地　　B. 短路　　C. 闪络　　D. 断线

62. 测寻小于 100 Ω 的电缆线路低电阻短路(接地)故障和断线故障,宜采用(　　)测试法。

A. 低压脉冲　　B. 直闪

C. 冲闪　　　　　　D. 任意

63. 连接两种不同类型绝缘材料或不同型式电缆的接头称为(　　)。

A. 转换接头　　　　B. 分支接头

C. 过渡接头　　　　D. 直通接头

64. 电力电缆故障查找一般按(　　)步骤进行。

①故障性质诊断　②故障测距　③故障定点

A. ①②③　B. ①③②　C. ③①②　D. ③②①

65. 制作电缆头的施工现场,当相对湿度高于(　　)时,不宜施工。

A. 30%　B. 50%　C. 60%　D. 70%

66. 电缆头的施工环境及电缆本身的温度低于(　　)℃时,必须取暖或加温。

A. 0　B. 4　C. 5　D. 10

67. (　　)是客专电力故障抢修的指挥中心。

A. 段供电调度　　　　B. 段水电调度

C. 客专电力调度　　　D. 客专车间

68. 10 kV 电力电缆敷设前应采用(　　)V 兆欧表,试验相间及各相对地的绝缘电阻。

A. 2 500　B. 1 000　C. 5 000　D. 500

69. 电缆延隧道墙壁用钢索悬挂方式敷设时,支持钢索的托架间距在曲线部分不宜大于(　　)m。

A. 10　B. 15　C. 20　D. 25

70. 直埋电缆相互交叉时最小净距为(　　)m。

A. 0. 5　B. 0. 25　C. 1. 0　D. 1. 5

71. 电缆与电杆基础平行时与基础边缘的最小净距应为(　　)m。

A. 0. 5　B. 1. 0　C. 1. 5　D. 0. 6

72. 高压电缆敷设时，中间头处预留长度应(　　)m。

A. 不小于3.0　　B. 不小于4.0

C. 不小于5.0　　D. 不小于8.0

73. 直埋电缆应在全长上预留(　　)裕量，并作波浪形敷设。

A. 1.0%～1.5%　　B. 2.0%～2.5%

C. 2.5%～3.0%　　D. 3.0%～3.5%

74. 电缆埋设标志，在直线段每隔(　　)m，应埋设一处。

A. 50～100　　B. 50

C. 80　　D. 100～150

75. 混凝土管、陶土管、石棉水泥管等电缆保护管敷设时，电缆管内无积水、无杂物，且应有不应小于(　　)的排水坡度。

A. 0.05%　　B. 0.1%　　C. 0.15%　　D. 0.2%

76. 隧道内敷设电缆时，钢索托架应安装牢固，装设距离直线部分不宜大于(　　)m。

A. 20　　B. 30　　C. 40　　D. 50

77. 隧道内敷设电缆时，钢索托架应安装牢固，装设距离曲线部分不宜大于(　　)m。

A. 15　　B. 30　　C. 40　　D. 50

78. 隧道内敷设电缆时，钢索每隔(　　)m设一耐张段。

A. 200～300　　B. 300～500

C. 500～600　　D. 600～700

79. 索道内沿钢索悬挂敷设电力电缆时，电缆悬挂点应均匀，悬挂点的最大间距为(　　)m。

A. 0.75　　B. 0.8　　C. 0.9　　D. 1

80. 索道内沿钢索悬挂敷设控制电缆时，电缆悬挂点应均匀，悬挂点的最大间距为(　　)m。

A. 0.6　　B. 0.8　　C. 0.9　　D. 1

81. 索道内沿钢索悬挂敷设电缆时，电缆与潮湿渗水的隧道壁的距离不应小于(　　)mm。

A. 50　　B. 60　　C. 70　　D. 80

82. 隧道内电缆固定支架不得侵入建筑限界内，高压电缆固定支架下端距钢轨面不应小于(　　)m。

A. 2.5　　B. 3.5　　C. 4.5　　D. 5.5

83. 隧道内电缆固定支架不得侵入建筑限界内，低压电缆固定支架下端距钢轨面不应小于(　　)m。

A. 3　　B. 3.5　　C. 4　　D. 4.5

84. 150 及以下电力电缆头接地线截面不得小于(　　)mm^2。

A. 2.5　　B. 4　　C. 16　　D. 25

85. 控制电缆头接地线截面不得小于(　　)mm^2。

A. 2.5　　B. 4　　C. 16　　D. 25

86. 电缆保护管内径不应小于电缆外径的(　　)。

A. 1.5 倍　　B. 2 倍　　C. 2.5 倍　　D. 3 倍

87. 混凝土管、陶土管、石棉水泥管等电缆保护管除内径不应小于电缆外径的 1.5 倍，且其内径不应小于(　　)mm。

A. 50　　B. 100　　C. 150　　D. 200

88. 每根电缆保护管的弯头不超过(　　)个。

A. 1　　B. 2　　C. 3　　D. 4

89. 每根电缆保护管的直角弯头不超过(　　)个。

A. 1　　B. 2　　C. 3　　D. 4

90. 在试验中发生的击穿故障一般绝缘电阻较高，很难直接通过兆欧表测出，一般采用(　　)方法确定。

A. 加压试验

B. 增加电流

C. 更换更高电压等级的兆欧表

D. 并联电阻

91. 在试验中，当电压升至某一定值时，电缆发生短路，电压降低后，电缆绝缘恢复，这种故障即为(　　)。

A. 闪络型故障　　B. 击穿故障

C. 电缆断线故障　　D. 线间短路故障

92. 配电室内裸导线带电部分上方不应布置灯具，若必须布置时，灯具与裸导体的水平净距应大于(　　)m。

A. 1　　B. 2　　C. 3　　D. 4

93. 电力复合脂与中性凡士林相比较，具有(　　)、不流淌、耐潮湿、抗氧化、理化性能稳定、能长期稳定地保持接触电阻等优点。

A. 熔点高　　B. 熔点低

C. 熔点相同　　D. 熔点不定

94. 绝缘子在安装前，应测量它的绝缘电阻，用 1 000 V 或 2 500 V 的兆欧表测量，绝缘电阻值应在(　　)MΩ 以上。

A. 500 ~ 800　　B. 800 ~ 1 000

C. 800 ~ 1 200　　D. 1 000 ~ 1 500

95. 绝缘子裙边与带电部位的间隙不应小于(　　)。

A. 40 mm　　B. 50 mm　　C. 60 mm　　D. 70 mm

96. 杆坑坑深超过(　　)m 时，坑内工作人员必须戴安全帽。

A. 1. 0　　B. 1. 2　　C. 1. 5　　D. 1. 8

97. 目前铁路站场采用的灯塔高度为 15 m、21 m、28 m、(　　)m 四种铁塔。

A. 30　　B. 35　　C. 40　　D. 45

98. 下面说法正确的是(　　)。

A. 用脉冲法查找电缆的故障距离时，波速度主要和电缆

芯线的材质有关

B. 用脉冲法查找电缆的故障距离时，波速度主要和电缆芯线的线径有关

C. 用脉冲法查找电缆的故障距离时，波速度主要和电缆绝缘介质的材料有关

D. 用脉冲法查找电缆的故障距离时，波速度主要和芯线的线径、材质、电缆绝缘介质的材料有关

99. 下列声音波形，波形（　　）可能是故障点的放电波形。

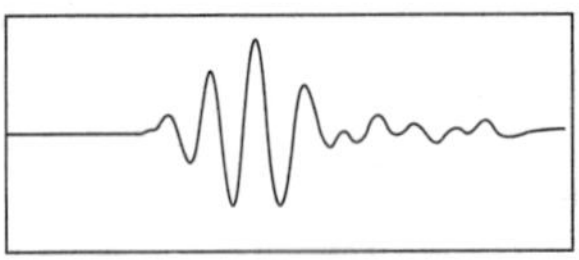

A

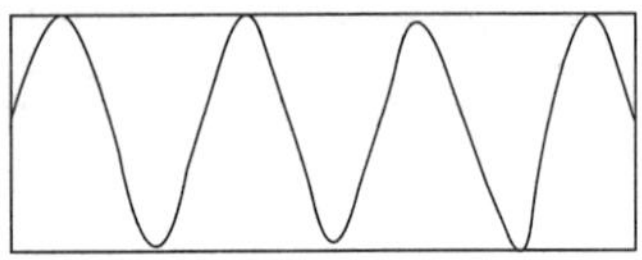

B

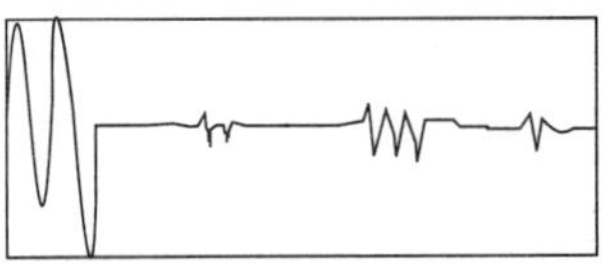

C

100. 下面几个波形是故障点放电时定点仪的显示波形，（　　）波形所代表的传感器位置离故障点更近一点。

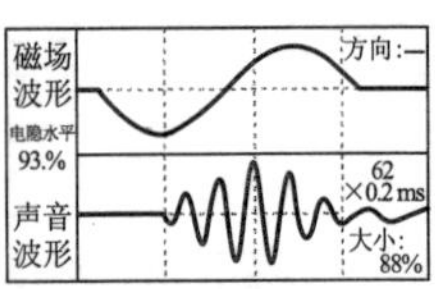

A

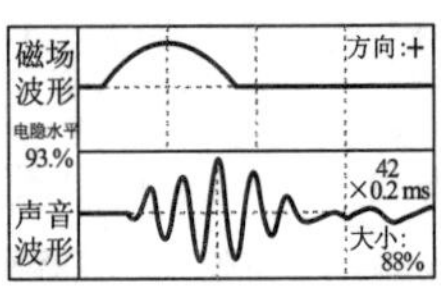

B

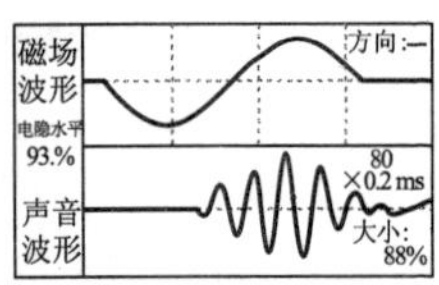

C

（二）判 断 题

1. 新参加电力工作的人员、实习人员和临时参加劳动的

人员(干部、临时工等),必须经过安全知识教育后,方可单独工作。 ( )

2. 高压变、配电设备上的作业应签发带电工作票。

( )

3. 在工作地点悬挂"止步,高压危险!"的标示牌。

( )

4. 巡视高压设备人员不得少于两人。 ( )

5. 在开关柜内挂接地线后,应在开关柜的门上悬挂"已接地"的标示牌。 ( )

6. 雷电时禁止倒闸作业(远动装置除外)和更换熔断器。

( )

7. 事故紧急处理可不签发工作票,但必须采取安全措施。 ( )

8. 铁路电力工作是铁路运输的重要组成部分,其主要任务是不断提高供电质量和可靠性,满足铁路运输生产需要。

( )

9. 工作执行人可自由变更工作组员。 ( )

10. 客专贯通电缆中,为避免电缆金属保护层产生大环流和高电压,所以其一端金属保护层采用直接接地,另一端保护层经护层电压限制器接地。 ( )

11. 武广客专一级负荷贯通线设于铁路下行方向左侧,二级负荷设于下行方向右侧。 ( )

12. 武广客专一级负荷贯通线的供电方向为由北往南主供。 ( )

13. 与行车相关的一级负荷或重要负荷至少从供电网络接取两回 10 kV 独立电源。 ( )

14. 任何情况下都不允许约定时间停送电。 ( )

15. 测量低压线路和变压器低压侧的电压和电流时,应

注意安全距离，并防止相间短路。 （ ）

16. 运行中的电流互感器二次侧严禁短路，电压互感器二次侧严禁开路。 （ ）

17. 电压互感器二次输出标定电压为 200 V。 （ ）

18. 电缆进入电缆沟时，出入口处应进行封闭。 （ ）

19. 在电缆终端头、电缆接头处，人井内应装设标志牌。 （ ）

20. 武广客专的电力贯通线 10 kV 接地系统为高电阻接地方式。 （ ）

21. 武广客专采用少油断路器。 （ ）

22. 发生行车设备故障时，抢修人员应当积极进行抢修，对结合部相关单位的配合应以大局为重，主动配合，减少损失、缩小影响。 （ ）

23. 凡发生配电所电源线路、贯通电力线路设备故障时，工长（车间包保干部）或安全员必须在第一批赶到现场组织处理。 （ ）

24. 故障点在高架桥、隧道及一级负荷贯通线或综合负荷贯通线的高压电缆发生故障时，故障处理工作应利用“天窗”时间进行。 （ ）

25. 电力设备检修，应贯彻“预防为主，保养与维修、一般修与重点修、状态检测与计划检修相结合”的原则，按工艺标准精检细修，不断提高检修质量。 （ ）

26. 故障抢修应按照“先通后复”的原则，尽快恢复对信号、通信等一级负荷的供电，做到出动迅速、处理得当，信息及时准确。 （ ）

27. 使用低压验电笔时，人体不能接触笔尾的金属体。 （ ）

28. 触电者未脱离电源前，救护人员能直接用手触及伤

员。（ ）

29. 工作票是在配电所内进行作业的书面依据，填写1式两份，1份交工作领导人，1份交工作票许可人。工作票许可人据此办理准许作业手续，并会同工作领导人做好安全措施。（ ）

30. 测量低压线路和变压器低压侧的电压和电流时，应注意安全距离，并防止相间短路。（ ）

31. 电力远动装置正常运行方式为“当地操作”。（ ）

32. 为了可靠地将电流互感器二次线圈短路，必须使用短路片或短路线，禁止使用导线缠绕。（ ）

33. 工作票的有效期不得超过三天，工作间断超过24 h应重新填发工作票。（ ）

34. 专职监护人在作业中可从事一些较为简单的工作。

（ ）

35. 在运行的电流互感器二次回路上工作时，应有专人监护，使用绝缘工具，站在绝缘垫上，并不得将回路中的永久接点断开。（ ）

36. 电气设备的检修（测）采取定期检修（测）和寿命管理相结合的方式，检修分为小修、中修、大修和临时修。

（ ）

37. 电力变、配电所的控制保护测量设备应纳入远动系统调度管理。箱式变电站应设置远动终端，纳入远动系统。

（ ）

38. 武广客运专线无线通信采用铁路数字移动通信系统，简称CTC。（ ）

39. 武广客运专线的两回10 kV电力电缆贯通线，全部采用非磁钢带铠装的多芯铜芯电力电缆、分别沿铁路两侧预制电缆槽敷设。（ ）

40. 高压开关柜采用免维护、少维修 SF_6 气体绝缘全封闭组合电器(GIS)。 (　　)

41. 严禁利用远动微机上网、玩游戏,做任何与工作无关的事情。 (　　)

42. 巡线时应沿着线路的内侧进行,以免触及断落的导线。 (　　)

43. 巡视时,巡线人员要先通知段客专调度,按照既定的巡视线路图保证毫无遗漏地对所有设备进行仔细巡视,在巡视时不得进行其他工作。 (　　)

44. 一级负荷贯通线或综合负荷贯通线供电系统可以适当地向路外负荷计划供电。 (　　)

45. 客专车间每月对管内配电所应进行不少于一次全面巡视检查。 (　　)

46. 电压互感器二次回路上接临时负荷时,不得装开关和熔断器。 (　　)

47. 段《抢修预案》启动的基本原则:根据"先通后复"的原则,以达到抢修人员出动快,故障过程处理快,供电恢复快,最大限度减少故障对行车及运输生产的干扰。 (　　)

48. 遇有暴风雨雪天气或地震,工务、电务、供电等设备管理单位应加强对重点地段和设备的检查。检查时,检查人员在天窗时间外不得进入路肩和桥面范围内,必要时应封锁或限速,并设好防护后再检查。发现影响行车安全时,须及时通知列车调度员限速运行或封锁线路。 (　　)

49. 电缆头的制作对周围环境没有要求。 (　　)

50. 用无水酒精或其他合适的清洁剂对交联聚乙烯绝缘表面进行清洁时,要从半导电屏蔽层开始向绝缘层方向清洁,不得反方向。 (　　)

51. 电力电缆故障测试前要尽量将故障线路两端的电气

设备同电缆隔离，以保安全。（　　）

52. 油纸电缆的安装工具，只要在使用前擦干净，也可以用于安装交联聚乙烯电缆接头。（　　）

53. 制作户外电缆头，应选择在晴朗无风的天气，并在电缆头的地方搭设临时的帆布篷，以防降雨及灰尘进入。

（　　）

54. 段《抢修预案》中规定，各客专车间在规定的时段必须有人值班。（　　）

55. 段《抢修预案》中规定，发生配电所电源线路、贯通电力线路故障时，故障处理由段水电调度统一指挥，所有车间干部、电力值班人员、电力工作人员都必须服从段水电调度指挥。（　　）

56. 段《抢修预案》中规定，接到故障通知后，第一批抢修人员按规定带齐工具、材料按白天 15 min，夜间 30 min 内必须出动。（　　）

57. 用梯子作业时，梯子上可以有 2 人同时作业。

（　　）

58. 在站场横穿车辆时，先必须确认信号和邻线来车情况，然后从任意地方跨越，严禁钻车底。（　　）

59. 严禁作业组成员未经工作领导人或工作许可人同意擅自远离作业现场。（　　）

60. 在线路上作业必须按规定着装、佩戴防护用品及正确使用防护用品，不准用围巾、衣帽等裹遮耳目。（　　）

61. 作业过程中可以使用手机、聚集聊天、嬉笑打闹。

（　　）

62. 高空作业系好安全带，登杆作业时，要手把牢靠脚踏稳准。（　　）

63. 接、撤地线时严禁人体距接地线的距离不足。（　）

64. 当人员发生触电时,首先要使触电者迅速脱离电源,越快越好。因为电流作用的时间越长,伤害越重。（　）

65. 当在作业现场怀疑可能存在有害气体时,应立即将人员撤离现场,转移到通风良好处休息。抢救人员进入险区必须带防毒面具。（　）

66. 当遇人员高温中暑时,应立即将病员从高温或日晒环境转移阴凉通风处休息。用冷水擦浴,湿毛巾覆盖身体,电扇吹风或在头部置冰袋等方法降温,并及时给病人口服盐水。严重者送医院治疗。（　）

67. 严禁在雾和雨中制作 6 kV 及以上电缆终端头和中间接头。（　）

68. 沿隧道墙壁采用钢索悬挂电缆时,在潮湿处所电缆与隧道壁间的距离不应小于 30 mm。（　）

69. 沿隧道墙壁采用电缆固定支架悬挂电缆时,高压电缆固定支架下端距钢轨面不应小于 3.5 m。（　）

70. 沿隧道墙壁采用电缆固定支架悬挂电缆时,低压电缆固定支架下端距钢轨面不应小于 3 m。（　）

71. 二氧化碳灭火器可用于 6 kV 以下的电气设备的灭火。（　）

72. 泡沫灭火器可用于电气设备火灾。（　）

73. 绝缘电阻测量完毕,应先停止摇动兆欧表,然后再撤线。（　）

74. 万用表在测量过程中可以切换量程开关。（　）

75. 电缆的基本结构是由导电线芯、绝缘层和屏蔽层 3 部分组成。（　）

76. 电缆绝缘结构和厚度与工作电压等级有关。一般来

说，电压越高则绝缘层的厚度也越厚，成正比关系。（ ）

77. 裸铠装控制电缆不得与其他外护层电缆穿入同一根管内。（ ）

78. 电缆线芯故障包括完全断线或不完全断线。（ ）

79. 电缆线路的绝缘故障包括相间短路和单相接地两种。（ ）

80. 判断电缆线路故障性质最普通的方法是使用万用表。（ ）

81. 使用兆欧表测量绝缘电阻时，将被测电阻接在端钮“线”（L）和“地”（E）之间，当被测设备表面漏电严重不易消除时，须将兆欧表端钮“屏”（G）用导线与被测设备的保护环或其他不需测量的部分相连，以消除表面影响。（ ）

82. 武广客专配电所采用单电源运行。（ ）

83. 凡办理停、送电的有关事项，必须由备案专人与武广客运专线武汉电调台进行联系。（ ）

84. 当配电所两路电源同时停电时，一级贯通、综合贯通线路分别由相邻配电所供电，并自供自备。（ ）

85. 铁路供电设备一般可分高压和低压两种，高压指的是设备对地电压在 500 V 以上者。（ ）

86. 所有参加作业人员必须穿工作服、带安全帽，按规定着装。（ ）

87. 高压检电必须戴绝缘手套，穿绝缘靴，并有专人监护。（ ）

88. 接地线应用多股软铜线和专用线夹固定在导线上。导线截面积应符合短路电流要求，但不得少于 20 mm^2。使用前应详细检查，损坏的接地线应及时修理或更换。（ ）

89. 装拆接地线时，应使用绝缘杆、戴绝缘手套，人体不得接触地线。（ ）

90. 在各种盘柜内挂接地线后，应在其门上悬挂“止步，高压危险！”的标示牌。（　　）

91. 巡视线路必须三人进行，沿着电缆路径巡视，巡视高架桥上电缆线路，必须在上下行线路同时封闭时进行，车站设驻站联络员，巡视小组设跟组防护员；联系时用语标准，呼唤应答。（　　）

92. 昼间可以单独更换灯泡和保险。（　　）

93. 倒闸作业时，停电操作必须按照断路器、电源侧隔离开关、负荷侧隔离开关顺序操作。送电操作顺序与此相反。（　　）

94. 雷、雨天气，禁止测量电缆线路绝缘。（　　）

95. 操作隔离开关应戴绝缘手套。装撤跌落式熔断器等设备时，还应使用绝缘拉杆。（　　）

96. 倒闸作业票用后保存三个月。（　　）

（三）简答题

1. 简述电缆故障测试的具体步骤及操作。
2. 测量电缆线路绝缘电阻时应注意哪些事项？
3. 杆上 10 kV 隔离开关安装应符合哪些规定？
4. 铁路架空线路常用的杆型有哪些？
5. 工作票有什么作用？包括哪些内容？
6. 电力电缆主要由哪几部分组成？
7. 电路短路后有哪些危害？
8. 电力线路电压登记主要有哪几种？
9. 电压等级如何选择？
10. 运行中的变压器上层油温不得超过多少？

参考答案

(一)选择题

1. C	2. B	3. B	4. C	5. A	6. C	7. B
8. B	9. A	10. B	11. B	12. A	13. B	14. B
15. B	16. B	17. A	18. A	19. C	20. B	21. D
22. C	23. A	24. B	25. D	26. C	27. D	28. B
29. B	30. B	31. A	32. A	33. D	34. D	35. C
36. B	37. B	38. C	39. B	40. C	41. C	42. B
43. A	44. B	45. B	46. A	47. C	48. B	49. A
50. B	51. D	52. A	53. A	54. C	55. B	56. C
57. C	58. A	59. B	60. D	61. A	62. A	63. C
64. A	65. C	66. C	67. C	68. A	69. B	70. A
71. D	72. C	73. A	74. C	75. A	76. A	77. A
78. B	79. A	80. A	81. A	82. C	83. C	84. D
85. A	86. A	87. B	88. C	89. B	90. A	91. D
92. A	93. A	94. B	95. B	96. C	97. B	98. C
99. A	100. B					

(二)判断题

1. ×	2. ×	3. ×	4. ×	5. √	6. √	7. √
8. √	9. ×	10. √	11. ×	12. ×	13. √	14. √
15. √	16. ×	17. ×	18. ×	19. √	20. ×	21. ×
22. √	23. √	24. √	25. √	26. √	27. ×	28. ×
29. √	30. √	31. ×	32. √	33. √	34. ×	35. √
36. √	37. √	38. ×	39. ×	40. √	41. √	42. ×
43. √	44. ×	45. ×	46. ×	47. √	48. √	49. ×

50. ×	51. √	52. ×	53. √	54. ×	55. √	56. ×
57. ×	58. ×	59. √	60. √	61. ×	62. √	63. √
64. √	65. √	66. √	67. √	68. ×	69. ×	70. ×
71. √	72. ×	73. ×	74. ×	75. ×	76. ×	77. √
78. √	79. ×	80. ×	81. √	82. ×	83. √	84. √
85. ×	86. √	87. √	88. ×	89. √	90. ×	91. √
92. ×	93. ×	94. √	95. √	96. ×		

(三)简答题

1. 答:电缆故障测试主要分三个步骤。(1)故障性质诊断。首先用万用表遥测各项的绝缘阻值,如果遥测某相绝缘为零,需用万用表测试该相具体阻值,绝缘阻值小于200 Ω 为低阻故障,大于200 Ω,且绝缘不合格为高阻故障;如果某项遥测绝缘良好,原则要求需对该相做耐压试验,如果试验不合格为闪络性故障,否则为良好相。(2)故障测距。针对不同的故障性质采用合适的测距方法,如果故障为开路或者低阻故障采用低压脉冲法测距,如果为高阻或闪络性故障采用脉冲电流法或二次脉冲法测距。(3)故障定点。根据故障测距的结果对电缆故障点进行精确定点,除了金属性短路故障(绝缘阻值小于10 Ω)采用音频信号感应法定点外,其他所有故障定点均采用声磁同步法定点。

2. 答:(1)试验前将电缆放电、接地,以保证安全及实验结果准确。

(2)兆欧表应放置在平稳的地方,以避免在操作时用力不均使兆欧表摇晃,致使读数不准。

(3)兆欧表在不接被试品开路空摇时,指针应指在无限大"∞"位置。

(4)电缆绝缘头套管表面应该擦干净,以减少表面泄漏。

(5)从兆欧表的火线接线柱“L”上接到被试品上的一条引线的绝缘电阻,相当于和被试设备的电阻并联,因此要求该引线的绝缘电阻较高,并且不应拖在地上。

(6)操作兆欧表时,手摇发电机应以额定转数旋转,一般保持在120 r/min 左右。

(7)在测定绝缘电阻兼测定吸收比时,应该先把兆欧表摇到额定速度,再把火线引线搭上,并从搭上时开始计算时间。

(8)电缆绝缘电阻测量完毕或需重复测量时,需将电缆放电,接地,电缆线路较长和绝缘好的电缆线路接地时间应长些,一般不小于1 min。

(9)由于电缆线路的绝缘电阻值受到很多外界条件的影响,所以在试验报表上,应该把所有影响绝缘电阻数值的条件(如温度、相对湿度、兆欧表电压等)都记录下来。

3. 答:(1)瓷件良好,与引线的连接可靠。(2)操作机构动作灵活。(3)隔离开关合闸时动、静触头接触紧密,分闸后应有不小于200 mm的空气间隙。(4)水平安装的隔离开关,分闸时,宜使静触头带电。(5)三相连动隔离开关的各相应分、合同期。

4. 答:有直线杆、耐张杆、转角杆、终端杆、分歧杆、跨越杆、换位杆、设备杆。

5. 答:工作票是保证安全的组织措施之一,除在电压为380 V及以下的电动机和照明的单一回路上工作外,其余均应执行工作票制度,特别是在高压电气设备上工作,工作票尤为重要。执行工作票制度可以避免事故发生,同时,工作票又是准许在电气设备上工作的书面命令。工作票内容包括工作任务,即写明需要执行的工作任务(包括工作内容及范围)。参加作业人数及姓名,即填写全部工作人员及工作负责人。安全措施，即列出应操作哪些电气设备，指明在何处装设接地线，注明应悬挂的有关标示牌。工作完结后的送电程序包括如检查工作质量，清点材料及工具，集合全部人员拆除全部接地线和标示牌，试送电等。

6. 答：电力电缆主要由线芯、绝缘层和保护层等部分组成。

7. 答：当电源两端短路或用电器本身短路时，由于电源的内阻很小，所以电路中的短路电流增大到很大的数值。在短路时所产生的强大电流，可使电源本身以及接在电路中的仪表、电器与导线，由于过热而烧毁，甚至引起火灾，其危害极大。

8. 答：我国目前使用的电压等级主要有：380 V/220 V，6 kV，10 kV，35 kV，110 kV，220 kV，330 kV，500 kV。铁路电力线路一般使用的电压等级有 380 V/220 V，10 kV，35 kV，110 kV。电气化铁道用的特殊的电压等级，为 25 kV。

9. 答：受电电压根据用电容量、可靠性和输电距离，可采用 110 kV，35 kV，10 kV 和 380 V/220 V。自备发电所的发电机电压，可采用 400 V 和 6.3 kV。

10. 答：运行中的变压器上层油温不得超过 85 ℃，在个别情况下也不得超过 95 ℃。

第二部分　轨道车司机

一、轨道车运用

(一)选 择 题

1. 铁路线路分为正线、站线、段管线、(　　)及特别用途线。

A. 支线　　B. 岔线　　C. 调车线　　D. 专用线

2. 铁路线路直线轨距标准规定为(　　)mm。

A. 1 453　　B. 1 435

C. 1 345　　D. 1 353

3. 用于侧向通过列车,速度 80 km/h 以上至 140 km/h 的单开道岔,其辙叉号数不得小于(　　)。

A. 9 号　　B. 12 号　　C. 18 号　　D. 30 号

4. 岔线、段管线与正线、到发线接轨时,均应铺设(　　)。

A. 安全线　　B. 避难线　　C. 牵出线　　D. 调车线

5. 信号机按类型分为色灯信号机、臂板信号机和(　　)。

A. 手信号　　B. 机车信号机

C. 调车信号机　　D. 驼峰信号机

6. 进站信号机在正常情况下的显示距离不得少于(　　)m。

A. 800　　B. 900

C. 1 000　　D. 1 100

7. 调车信号机在正常情况下的显示距离不得少于(　　)m。

A. 400　　B. 300　　C. 200　　D. 100

8. 在四显示自动闭塞区段的进站信号机前方第一架通过信号机柱上,应涂(　　)黑斜线,以示与其他通过信号机相区别。

A. 一条　　B. 两条　　C. 三条　　D. 四条

9. 设有线群出站信号机时,应在线群每一条发车线路的警冲标内方适当地点装设(　　)。

A. 进路表示器　　B. 发车表示器

C. 调车表示器　　D. 发车线路表示器

10. 在有多个车场的车站,为使列车由一个车场开往另一个车场,应装设(　　)。

A. 发车进路信号机　　B. 进路色灯信号机

C. 接近信号机　　D. 遮断信号机

11. 出站信号机因受地形、地物影响,达不到规定的显示距离时,应装设(　　)。

A. 预告信号机　　B. 接近信号机

C. 复式信号机　　D. 遮断信号机

12. 在双线区段,闭塞设备应采用(　　)。

A. 自动闭塞　　B. 电话闭塞

C. 自动站间闭塞　　D. 电气路签闭塞

13. 自动闭塞区段应装设(　　)机车信号。

A. 连续式　　B. 接近连续式

C. 点式　　D. 持续式

14. 发车手信号:要求司机发车,夜间——绿色灯光上弧线向列车方面做(　　)。

A. 圆形转动　　B. 上下摇动

C. 高举头上　　　　D. 高举头上左右摇动

15. (　　)在线群出站信号机开放后显示一个白色灯光,准许该线路上的列车发车。

A. 道岔表示器　　　　B. 进路表示器

C. 发车线路表示器　　　　D. 发车表示器

16. 遇向封锁区间开行救援列车、路用列车,应交给司机(　　)。

A. 绿色许可证　　　　B. 红色许可证

C. 调度命令　　　　D. 路票

17. 重型轨道车由于机械故障不能继续运行或由于其他原因在区间被迫停车时,司机应迅速鸣示(　　)的报警信号。

A. 一长三短声　　　　B. 一长二短声

C. 二短一长声　　　　D. 连续短声

18. 表示进路道岔准备妥当,昼间——拢起的黄色信号旗(　　)。

A. 左右摇动　　　　B. 上下摇动

C. 高举头上　　　　D. 高举头上左右摇动

19. 发车手信号:要求司机发车,昼间——展开的绿色信号旗上弧线向列车方面做(　　)。

A. 圆形转动　　　　B. 上下摇动

C. 高举头上　　　　D. 高举头上左右摇动

20. 自动闭塞区段,站间只有一架通过信号机,遇该信号机故障时,应报告列车调度员发布调度命令,停止(　　),改按电话闭塞法行车。

A. 自动闭塞　　　　B. 基本闭塞法

C. 书面联络法　　　　D. 时间间法

21. 列车在区间被迫停车不能继续运行,应立即按规定使用响墩进行防护，已请求救援时，从救援列车开来方面（不明时从列车前后两方面）距离列车不少于（　　）m处防护。

A. 200　　B. 300　　C. 400　　D. 800

22. 电话中断后发出的列车（持有附件3通知书1的列车除外）应于停车后立即从列车（　　）处，按线路最大速度等级规定的列车紧急制动距离位置处防护。

A. 300 m　　B. 800 m　　C. 前方　　D. 后方

23. 对于邻线上妨碍行车的地点，应从（　　）按线路最大速度等级规定的列车紧急制动距离位置处防护。

A. 去车方面　　B. 来车方面

C. 单方面　　D. 两方面

24. 列车分部运行，机车进入区间挂取遗留车辆时，应从车列前方距离不小于（　　）m处防护。

A. 200　　B. 800　　C. 400　　D. 300

25. 列车在（　　）及单线区段运行时，列车标志的显示方式为机车前端一个头灯及中部右侧一个白色灯光。

A. 双线区段正方向　　B. 双线区段反向

C. 推进　　D. 双线区段正向推进

26. 设有线群出站信号机时，应在线群每一条发车线路的警冲标内方适当地点装设（　　）。

A. 发车表示器　　B. 发车线路表示器

C. 线路表示器　　D. 道岔表示器

27. 退行信号鸣示为（　　）。

A. 一长声　　B. 两短一长声

C. 连续短声　　D. 两长声

28. 轨道车在沿线车站过夜时应以（　　）信号灯光防护。

A. 单面红色　　B. 单面黄色

C. 双面红色　　　　　　D. 双面黄色

29. 轨道车鸣示两短一长声为(　　)信号。

A. 停车　　B. 退行　　C. 开车　　D. 呼唤

30. 遇双线反方向行车,司机除按规定凭证行车外,还须持有(　　)。

A. 跟踪调车通知书　　　B. 红色许可证

C. 调度命令　　　　　　D. 出站调车通知书

31. 遇由双线改为单线或恢复双线行车,司机除按规定凭证行车外,还须持有(　　)。

A. 跟踪调车通知书　　　B. 红色许可证

C. 调度命令　　　　　　D. 出站调车通知书

32. 遇(　　),列车调度员应发布调度命令给司机。

A. 封锁、开通区间　　　B. 路票行车

C. 出站信号机故障　　　D. 跟踪出站调车

33. 在双线区间,列车应按(　　)运行,仅限于整理列车运行时,方可使列车反方向运行。

A. 左侧单方向　　　　　B. 右侧单方向

C. 双侧单方向　　　　　D. 双侧双方向

34. 发车进路兼出站信号机根据需要可装设(　　),以区分进路方向。

A. 发车表示器　　　　　B. 进路表示器

C. 线路表示器　　　　　D. 道岔表示器

35. (　　)股道号码昼间显示为右臂向右平伸,左臂向右45°。

A. 二道　　B. 九道　　C. 十道　　D. 四道

36. 列车运行通过显示一个黄色闪光灯光和一个黄色灯光的信号机时,限制速度为(　　)km/h。

A. 45　　　　　　　　　B. 80

C. 100　　D. 90

37. 听觉信号鸣示音响长声的时间为(　　)s。

A. 1　　B. 2　　C. 3　　D. 5

38. 单机在(　　)运行时,列车标志的显示方式为机车前端一个头灯及中部右侧一个白色灯光,机车后端中部左侧一个红色灯光。

A. 双线区段正方向　　B. 双线区段反方向

C. 机车出入库　　D. 双线区段正向推进

39. 单机在(　　)运行时,列车标志的显示方式为机车前端一个头灯及中部右侧一个红色灯光,机车后端左侧一个红色灯光。

A. 双线区段正方向　　B. 双线区段反方向

C. 机车出入库　　D. 双线区段正向推进

40. 四显示自动闭塞区段通过显示绿黄色灯光的信号机,列车运行限制速度是(　　)。

A. 在次一架信号机前能停车的速度

B. 在前方第三架信号机前能停车的速度

C. 在前方第二架信号机前能停车的速度

D. 80 km/h

41. 减速地点标设在距离施工地点两端各(　　)m 处。

A. 50　　B. 20　　C. 800　　D. 1 000

42. 出站色灯信号机显示(　　)灯光准许列车由车站出发、开往次要线路(非自动闭塞区段)。

A. 一个绿色　　B. 两个绿色

C. 一个月白色　　D. 两个月白色

43. 四显示自动闭塞区段,色灯信号机显示一个(　　)灯光,准许列车按规定速度运行,表示运行前方至少有三个闭塞分区空闲。

A. 月白色　B. 黄色　C. 绿色　D. 红色

44. 预告色灯信号机显示一个(　　)灯光,表示主体信号机在开放状态。

A. 红色　B. 黄色　C. 绿色　D. 月白色

45. 通过色灯信号机显示一个(　　)灯光,不准列车越过该信号机。

A. 红色　B. 黄色　C. 绿色　D. 月白色

46. 四显示自动闭塞区段通过色灯信号机显示(　　)灯光,要求列车减速运行,按规定限速要求越过该信号机,表示运行前方有一个闭塞分区空闲。

A. 一个绿色和一个黄色　B. 一个月白色

C. 一个黄色　D. 一个黄色闪光

47. 脱轨表示器的显示:夜间为(　　),表示线路在遮断状态。

A. 红色灯光　B. 白色灯光

C. 紫色灯光　D. 红色正方牌

48. 脱轨表示器的显示:夜间为(　　)表示线路在开通状态。

A. 月白色灯光　B. 紫色灯光

C. 白色灯光　D. 绿色正方牌

49. 道岔表示器的显示:夜间为(　　),表示道岔位置开通直向。

A. 月白色灯光　B. 紫色灯光

C. 白色灯光　D. 黄色灯光

50. (　　)属于视觉信号。

A. 号角　B. 黄旗　C. 响墩　D. 口笛

51. (　　)属于听觉信号。

A. 红旗　B. 红灯　C. 绿灯　D. 号角

52. 向施工封锁区间开行路用列车时，列车进入封锁区间的行车凭证为(　　)。

A. 路票　　B. 调度命令

C. 越站调车通知书　　D. 绿色许可证

53. 脱轨表示器的显示：昼间为(　　)，表示线路在遮断状态。

A. 带白边的红色长方牌　B. 带白边的红色正方牌

C. 红色长方牌　　D. 红色正方牌

54. 脱轨表示器的显示：昼间为(　　)，表示线路在开通状态。

A. 带白边的绿色长方牌　B. 带白边的绿色圆牌

C. 绿色长方牌　　D. 绿色正方牌

55. (　　)仅在主体信号机开放后，才能着灯，用于区别进路开通方向或双线区段反方向发车，不能独立构成信号。

A. 发车表示器　　B. 线路表示器

C. 进路表示器　　D. 调车表示器

56. 要求列车乘务组拧紧人力制动机时，应鸣示拧紧人力制动机信号(　　)。

A. 一短声　B. 二短声　C. 三短声　D. 连续短声

57. 当调车指挥人显示减速或停车信号时，司机应迅速(　　)。

A. 解除机车牵引力

B. 立即制动

C. 回示相应信号

D. 解除机车牵引力，立即制动

58. 车挡表示器设置在线路终端的车挡上，昼间为一个(　　)，夜间显示一个红色灯光。

A. 带白边的红色长方牌　B. 带白边的红色正方牌

C. 红色长方牌　　　　　　　D. 红色正方牌

59. 轨道电路调谐区标志1型反方向区间停车位置标图有白底色、黑框、黑“停”字、斜红道,标明调谐区长度的(　　)反光菱形板标志。

A. 15 m　　B. 20 m　　C. 25 m　　D. 26 m

60. 在站内或专用线停车待备时,必须(　　),发动机熄火等待时上好手制动,司机不允许离车。

A. 采取保压制动　　　　　B. 防护

C. 防溜　　　　　　　　　D. 防盗

61. 在转站、专用线停车及过夜时,必须采取(　　)措施,拧好手制动机,双止轮器双向止轮,止轮器要安好压实,加锁防盗。

A. 防火　　B. 防护　　C. 防溜　　D. 防盗

62. 道岔表示器的显示:昼间为中央划有(　　),表示道岔位置开通侧向。

A. 一条鱼尾形黑线的牌

B. 一条鱼尾形黑线的黄色鱼尾形牌

C. 一条黄色鱼尾形牌

D. 一条黑色鱼尾形牌

63. 线路坡度超过6‰,长度为(　　)km及以上的为长大下坡道。

A. 5　　B. 8　　C. 10　　D. 12

64. 线路坡度超过(　　),长度为5 km及以上的为长大下坡道。

A. 6‰　　B. 8‰　　C. 10‰　　D. 12‰

65. 四显示自动闭塞区段的连续式机车信号机显示(　　),要求列车减速到规定的速度等级越过接近的显示一个黄色灯光的地面信号机,并预告次一架地面信号机显示一个黄色闪光和一个黄色灯光。

A. 一个白色灯光

B. 一个带“2”字的黄色闪光灯

C. 一个双半黄色灯光

D. 一个半黄半红色灯光

66. 四显示自动闭塞区段的连续式机车信号机显示(　　),要求列车减速到规定的速度等级越过接近的显示一个黄色灯光的地面信号机,并预告次一架地面信号机开放经道岔侧向位置的信号显示。

A. 一个带“2”字的黄色灯光

B. 一个带“2”字的黄色闪光

C. 一个双半黄色灯光

D. 一个半黄半红色灯光

67. 遇响墩爆炸声及火炬信号的火光均要求紧急停车,停车后如无防护人员,机车乘务人员应立即检查前方线路,如无异状,列车以在瞭望距离内能随时停车的速度继续运行,但最高不得超过(　　)。

A. 10 km/h　　B. 20 km/h

C. 25 km/h　　D. 30 km/h

68. 遇响墩爆炸声紧急停车后,如无防护人员,机车乘务人员检查前方线路无异状时,列车继续运行,在自动闭塞区间,运行至(　　),如无异状,即可按该信号机显示的要求执行。

A. 500 m

B. 前方第一个通过信号机前

C. 1 000 m

D. 前方第一个通过信号机后

69. 遇响墩爆炸声紧急停车后,如无防护人员,机车乘务人员检查前方线路无异状，列车继续运行，在半自动闭塞区间，经过(　　)m 后，如无异状，可恢复正常速度运行。

A. 500　　B. 1 000　　C. 1 500　　D. 2 000

70. 长大下坡道区段因受制动周期等因素限制，最低缓解速度不应低于(　　)km/h。

A. 20　　B. 15　　C. 10　　D. 7

71. 道岔表示器的显示：夜间为(　　)，表示道岔位置开通侧向。

A. 月白色灯光　　B. 紫色灯光

C. 黄色灯光　　D. 白色灯光

72. 自动闭塞区间同方向相邻的两架色灯信号机间，以该线上的(　　)的中心线为闭塞分区的分界线。

A. 通过信号机　　B. 站界标

C. 进站信号机　　D. 出站信号机

73. (　　)是当基本闭塞设备不能使用时所采用的代用闭塞法。

A. 自动闭塞　　B. 半自动闭塞

C. 自动站间闭塞　　D. 电话闭塞法

74. 遇(　　)，应停止使用基本闭塞法，改用电话闭塞法行车。

A. 自动闭塞出站信号机故障发出列车

B. 基本闭塞设备发生故障

C. 自动闭塞超长列车头部越过出站信号机发车

D. 使用半自动闭塞法行车时

75. 使用自动闭塞法行车时，遇超长列车头部越过发车进路信号机发车，行车凭证为(　　)。

A. 路票　　B. 调度命令

C. 绿色手信号　　D. 绿色许可证

76. 自动闭塞区间通过信号机显示停车信号,列车在该信号机前停车等候2 min,该信号机仍未显示进行的信号继续运行时,最高运行速度不超过(　　)km/h。

A. 15　　B. 20　　C. 25　　D. 30

77. 自动闭塞区间装有连续式机车信号的列车,遇通过信号机灯光熄灭,而机车信号显示进行的信号时,应按(　　)运行。

A. 机车信号的显示　　B. 调度命令

C. 路票　　D. 绿色许可证

78. 车站行车室内一切电话中断时,单线行车按(　　)。

A. 书面联络法　　B. 时间间隔法

C. 路票行车法　　D. 隔时续行法

79. 车站行车室内一切电话中断时,双线行车按(　　)。

A. 书面联络法　　B. 时间间隔法

C. 路票行车法　　D. 自动闭塞法

80. 车站行车室内一切电话中断时,列车进入区间的凭证为(　　)。

A. 路票　　B. 绿色许可证

C. 红色许可证　　D. 调度命令

81. 一切电话中断后,连续发出同一方向的列车时,两列车的间隔时间,应按区间规定的运行时间另加3 min,但不得少于(　　)min。

A. 10　　B. 12　　C. 13　　D. 15

82. 进站色灯复示信号机采用灯列式机构,两个月白色灯光(　　),表示进站信号机显示列车经道岔侧向位置接车信号。

A. 与水平线构成60°显示

B. 水平位置显示

C. 垂直位置显示

D. 无显示

83. 遇(　　),列车调度员应发布调度命令给司机。

A. 出站调车　　B. 引导进站

C. 临时停车　　D. 封锁区间

84. 四显示自动闭塞区段通过显示绿黄色灯光的信号机,列车运行限制速度(　　)。

A. 80 km/h

B. 100 km/h

C. 120 km/h

D. 在前方第三架信号机前能停车的速度

85. 通过显示黄色灯光的信号机及位于定位的预告信号机,列车运行限制速度为(　　)。

A. 45 km/h　　B. 60 km/h

C. 50 km/h

D. 在次一架信号机前能停车的速度

86. 列车推进运行限制速度为(　　)km/h。

A. 45　　B. 30

C. 25　　D. 20

87. 列车退行限制速度为(　　)km/h。

A. 45　　B. 30

C. 25　　D. 15

88. 列车在站内临时停车,属于司机主动停车时,待停车原因消除且继续运行时,(　　)开车。

A. 司机自行　　B. 外勤值班员通知司机

C. 由车站按规定组织　　D. 车站值班员通知

89. 车站接发列车人员使列车在站内临时停车,待停车原因消除且继续运行时,(　　)开车。

A. 司机自行　　B. 外勤值班员通知司机

C. 车站按规定组织　　D. 车站值班员通知

90. 进站、(　　)、进路及线路所通过信号机发生故障时,应置于关闭状态。

A. 出站　B. 通过　C. 预告　D. 遮断

91. 道岔表示器的显示;夜间为(　　),表示道岔开通直向位置。

A. 月白色灯光　　B. 黄色灯光

C. 白色灯光　　D. 紫色灯光

92. 进站信号机以显示(　　)为定位。

A. 绿色灯光　　B. 黄色灯光

C. 停车信号　　D. 两个黄色灯光

93. 出站信号机以显示(　　)为定位。

A. 绿色灯光　　B. 黄色灯光

C. 停车信号　　D. 一个绿色一个黄色灯光

94. 自动闭塞的通过信号机以显示(　　)为定位。

A. 一个绿色一个黄色灯光

B. 黄色灯光

C. 停车信号

D. 进行信号

95. 预告信号机以显示(　　)为定位。

A. 绿色灯光　　B. 注意信号

C. 停车信号　　D. 进行信号

96. 四显示自动闭塞区段进站色灯信号机显示(　　),准许列车按限速要求越过该信号机,经道岔侧向位置进入站内准备停车。

A. 一个绿色灯光

B. 一个黄色灯光

C. 两个黄色灯光

D. 一个黄色闪光和一个黄色灯光

97. 四显示自动闭塞区段进站色灯信号机显示(　　)，准许列车经过18号及其以上道岔侧向位置，进入站内越过次一架已经开放的信号机，且该信号机的进路，经道岔的直向位置或18号及其以上道岔的侧向位置。

A. 一个绿色灯光

B. 一个黄色灯光

C. 两个黄色灯光

D. 一个黄色闪光和一个黄色灯光

98. 四显示自动闭塞区段进站色灯信号机显示(　　)，准许列车按限速要求越过该信号机，经道岔侧向位置进入站内准备停车。

A. 一个绿色灯光

B. 一个黄色灯光

C. 两个黄色灯光

D. 一个黄色闪光和一个黄色灯光

99. 四显示自动闭塞区段进站色灯信号机显示(　　)，准许列车按规定速度越过该信号机，经道岔直向位置进入站内，表示次一架信号机开放一个黄灯。

A. 一个绿色灯光

B. 一个黄色灯光

C. 两个黄色灯光

D. 一个绿色灯光和一个黄色灯光

100. 进站及接车进路色灯信号机的引导信号显示一个红色灯光及一个月白色灯光，准许列车在该信号机前方不停车，以不超过(　　)km/h速度进站或通过接车进路，并须准备随时停车。

A. 10　　　　　　B. 20

C. 25　　　　　　D. 30

(二)判断题

1. 特别用途线是指安全线和避难线。 (　　)

2. 信号装置一般分为信号机、手信号和信号表示器三类。 (　　)

3. 信号机按类型分为进站、出站、通过、进路、预告、接近、遮断、驼峰、驼峰辅助、复示、调车信号机。 (　　)

4. 信号表示器分为道岔、脱轨、进路、发车、发车线路、调车及车挡表示器。 (　　)

5. 在车站的正线和到发线上,应装设出站信号机。 (　　)

6. 行车工作必须坚持集中领导、统一指挥、人人负责的原则。 (　　)

7. 遮断信号机应装设预告信号机。 (　　)

8. 进站及接车进路色灯信号机,均应装设引导信号。 (　　)

9. 集中联锁以外的脱轨器及引向安全线或避难线的道岔,应装设道岔表示器。 (　　)

10. 联锁设备分为集中联锁和非集中联锁。 (　　)

11. 区间内正线上的道岔,须与有关信号机或闭塞设备联锁。 (　　)

12. 闭塞设备分为自动闭塞、半自动闭塞。 (　　)

13. 机车信号分为连续式和接近连续式。 (　　)

14. 机车信号的显示,应与线路上列车接近的地面信号机的显示含义相符。 (　　)

15. 机车停车位置,应以地面信号机或有关停车标志为

依据。（　　）

16. 双机或多机牵引时，本务机车的职务由第一位机车担当。（　　）

17. 列车运行图是铁路行车组织工作的基础。（　　）

18. 关门车在列车中连续连挂不得超过两辆。（　　）

19. 轨道车司机看见带“T”字的移动减速信号牌必须减速运行。（　　）

20. 进路、出站信号机故障时行车凭证为绿色许可证。

（　　）

21. 股道有效长度是指在股道全长范围内由可以停留机车车辆而不影响邻线行车的一段长度。（　　）

22. 出站信号机应设在每一发车线的警冲标内方（对向道岔为尖轨尖端外方）适当地点。（　　）

23. 行车基本闭塞设备采用自动闭塞、半自动闭塞、电话闭塞。（　　）

24. 当基本闭塞设备不能使用时，应根据列车调度员的命令采用电话闭塞法行车。（　　）

25. 信号机无效标为白色的十字交叉板，装在色灯信号机柱上或臂板信号机的臂板上。（　　）

26. 司机发现（或接到通知）邻线发生障碍，向邻线上运行的列车发出紧急停车信号时应鸣示紧急停车信号连续短声。（　　）

27. 轨道车以司机为主的乘务人员在出乘前应全面检查确认轨道车状态良好，在值乘中应集中精力、谨慎驾驶、细心瞭望、确认信号，并认真执行“高声呼喊、手比眼看”的呼唤应答、车机联控制度。（　　）

28. 在通过车站、道口、桥隧、曲线、路堑、施工地段以及在气候不良、视线不清的情况下，司机应适当减速、多鸣风笛，

必要时开前灯行驶。 (　　)

29. 轨道车、在区间被迫停车不能继续运行时，迅速做好如下故障处理工作：鸣示一长二短声警报信号，并及时通知车站值班员，列车调度员及后续列车。 (　　)

30. 轨道车、在区间被迫停车不能继续运行时，应立即按规定做好防护，如影响邻线行车时，应使用短路线对邻线轨道电路进行短接，同时做好防护。发现列车开来时，应鸣示一长三短警报信号。 (　　)

31. 轨道车、在区间被迫停车不能继续运行时，司机要立即组织抢修，采取紧急措施，尽快开通线路，需要救援时应立即请求救援。 (　　)

32. 轨道车、在区间被迫停车不能继续运行时，已请求救援且故障排除后，在撤销救援请求未被批准前，严禁动车。 (　　)

33. 调车作业时，扳道人员应一看、二扳、三确认、四显示。 (　　)

34. 调车作业时，调车人员连挂车辆时应"一停、二引、三检、四挂"，摘钩时应"一关前、二关后、三摘风管、四提钩"。 (　　)

35. 轨道车运行中，当监控装置发生故障时，在轨道车行车日记上做好记录，方可关闭监控装置。 (　　)

36. 运行中，司机要密切注意地面信号的变化，当地面信号和机车信号不一致时必须停车。 (　　)

37. 运行中，司机要密切注意地面信号的变化，当地面信号和机车信号不一致时必须以地面信号为准。 (　　)

38. 轨道车主管部门每年应对轨道车司机进行业务培训、安全教育和使用复轨器对轨道车进行起复的演练。 (　　)

39. 要求就地制动时应鸣示拧紧人力制动机信号连续短声。（　）

40. 信号装置一般分为信号机和信号标志两类。（　）

41. 进站、通过、遮断信号机在正常情况下的显示距离不得少于 800 m。（　）

42. 高柱出站、高柱进路信号机在正常情况下的显示距离不得少于 1 000 m。（　）

43. 预告、驼峰辅助信号机在正常情况下的显示距离不得少于 400 m。（　）

44. 调车、矮型出站、矮型进路、复示信号机，容许、引导信号及各种表示器在正常情况下显示距离不得少于 300 m。（　）

45. 出站信号机有两个及其以上的运行方向，而信号机显示不能分别表示进路方向时，应在信号机上装设进路表示器。（　）

46. 进站及接车进路色灯信号机均应装设调车信号。（　）

47. 未设出站信号机线路发车的行车凭证为红色许可证。（　）

48. 头部越过出站信号机发车的行车凭证为绿色许可证。（　）

49. 出站、进路信号机故障时发车的行车为凭证为路票。（　）

50. 车站行车室内一切电话中断，双线按时间间隔法行车时，只准发出反方向的列车。（　）

51. 列车司机在列车运行中，机车信号、列车无线调度通信设备、列车运行监控记录装置必须全程运转，严禁擅自“关机”。（　）

52. 列车、机车车辆、单机开始退行时，应鸣示退行信号二长声。（　）

53. 要求防护人员撤回时应鸣示召集信号二长声。（　）

54. 要求出入段时应鸣示呼唤信号二短一长声。（　）

55. 机车在车站要求显示信号时应鸣示呼唤信号三短一长声。（　）

56. 发现线路有危及行车安全的不良处所时应鸣示警报信号一长三短声。（　）

57. 列车发生重大、大事故及其他需要救援情况时，应鸣示警报信号三短声。（　）

58. 试验制动机开始减压时，应鸣示试验自动制动机信号一短声。（　）

59. 接到试验制动结束的手信号，回答试风人员时应鸣示试验自动制动机复示信号二短声。（　）

60. 试验制动机缓解时应鸣示缓解信号二短声。（　）

61. 使用自动闭塞法行车时，列车进入闭塞分区的行车凭证在四显示区段为出站号机的黄色灯光、绿黄色灯光或绿色灯光。（　）

62. 车站一切电话中断时，单线行车按书面联络法，双线行车按时间间隔法。（　）

63. 一切电话中断后，连续发出同一方向的列车时，两列车的间隔时间应按区间规定的运行时间另加 3 min，但不得少于 13 min。（　）

64. 向施工封锁区间开行路用列车时，列车进入封锁区间的行车凭证为绿色许可证。（　）

65. 四显示自动闭塞区段一个绿色灯光和一个黄色灯光

准许列车由车站出发，表示运行前方有两个闭塞分区空闲。（ ）

66. 进站、出站、进路信号机及线路所的通过信号机均以显示停车信号为定位。（ ）

67. 进站、出站、进路和通过信号机的灯光熄灭、显示不明或显示不正确时均视为停车信号。（ ）

68. 进路表示器仅在其主体信号机开放后才能着灯，用于区别进路开通方向，不能独立构成信号显示。（ ）

69. 听觉信号长声为3 s，短声为1 s，音响间隔为1 s，重复鸣笛，须间隔3 s以上。（ ）

70. 司机发现（或接到通知）邻线发生障碍，向邻线上运行的列车发出紧急停车信号时应鸣示紧急停车信号连续短声。（ ）

71. 设有线群出站信号机时，应在线群每一条线路的警冲标内方适当地点装设线路发车表示器。（ ）

72. 出站信号机有两个及其以上的运行方向，而信号显示不能分别表示进路方向时，应在信号机上装设进路表示器。（ ）

73. 自动闭塞区段进站信号机前方第一架通过信号机柱上应涂有三条黑斜线，与其他通过信号机相区别。（ ）

74. 要求就地制动时，应鸣示拧紧人力制动机信号连续短声。（ ）

75. 当基本闭塞设备不能使用时，应根据列车调度员的命令采用电话闭塞法行车。（ ）

76. 司机在列车运行中，遇列车运行监控记录装置发生故障时，应在前方站停车报告。（ ）

77. 列车通过减速地点标时，运行限制速度为标明的速度，未标明时为30 km/h。（ ）

78. 列车在发车前，司机必须确认占用区间行车凭证及发车信号或发车表示器显示正确后，方可起动列车。（　　）

79. 装有进路表示器的出站信号机，当该表示器不良时，由办理发车人员通知司机后，列车可凭出站信号机的显示出发。（　　）

80. 列车退行时，未得到后方站（线路所）车站值班员准许，不得退行到车站的最外方预告标或预告信号机（双线区间为邻线预告标或特设的预告标）的外方。（　　）

参考答案

(一)选 择 题

1. B	2. B	3. D	4. A	5. B	6. C	7. C
8. C	9. D	10. B	11. C	12. A	13. A	14. A
15. C	16. C	17. A	18. D	19. A	20. B	21. B
22. D	23. D	24. D	25. A	26. B	27. D	28. C
29. D	30. C	31. C	32. A	33. A	34. B	35. B
36. B	37. C	38. A	39. B	40. B	41. B	42. B
43. C	44. C	45. A	46. C	47. A	48. A	49. B
50. B	51. D	52. B	53. A	54. B	55. C	56. C
57. D	58. D	59. D	60. A	61. C	62. B	63. B
64. D	65. B	66. A	67. B	68. B	69. B	70. C
71. C	72. A	73. D	74. B	75. D	76. B	77. A
78. A	79. B	80. C	81. C	82. B	83. D	84. D
85. D	86. B	87. D	88. A	89. C	90. A	91. D
92. C	93. C	94. D	95. B	96. B	97. D	98. C
99. D	100. B					

(二)判 断 题

1. √	2. ×	3. ×	4. √	5. √	6. ×	7. ×
8. √	9. ×	10. √	11. √	12. ×	13. √	14. √
15. √	16. √	17. √	18. √	19. ×	20. √	21. √
22. √	23. ×	24. √	25. √	26. √	27. √	28. √
29. ×	30. ×	31. √	32. √	33. √	34. √	35. ×
36. ×	37. √	38. √	39. ×	40. ×	41. ×	42. ×
43. √	44. ×	45. √	46. ×	47. ×	48. √	49. ×

50. × 51. √ 52. √ 53. × 54. √ 55. × 56. √
57. × 58. √ 59. × 60. √ 61. √ 62. √ 63. √
64. × 65. √ 66. √ 67. √ 68. √ 69. × 70. √
71. √ 72. √ 73. √ 74. × 75. × 76. × 77. ×
78. √ 79. √ 80. ×

二、轨道车 GYK 运行控制设备

(一)选 择 题

1. GYK 的供电电源为（　　）V。

A. 12　　B. 24　　C. 36　　D. 220

2. GYK 轨道车运行控制设备在固定限速模式下运行时，当实际速度超过固定模式限速值（　　）km/h 时，语音提示“减速”。

A. 5　　B. 3　　C. 3　　D. 1

3. GYK 轨道车运行控制设备在固定限速模式下运行时，当实际速度超过固定模式限速值(　　)km/h 时，语音提示“常用制动”。

A. 3　　B. 8　　C. 5　　D. 10

4. GYK 轨道车运行控制设备在固定限速模式下运行时，常用制动后，当实际速度低于固定模式限速值(　　)km/h 时，语音提示“允许缓解”，司机按压“缓解”键后，进行手动缓解。

A. 5　　B. 15　　C. 30　　D. 3

5. GYK 轨道车运行控制设备在固定限速模式下运行时，当实际速度超过固定模式限速值(　　)km/h 时，语音连续提示“紧急制动”。

A. 15　　B. 20　　C. 25　　D. 5

6. GYK 轨道车运行控制设备在固定限速模式下运行时，紧急制动后，实际速度为(　　)km/h 时提供缓解条件，才能手动缓解。

A. 12　　B. 5　　C. 3　　D. 0

7. GYK 在目视行车模式下，当运行（　　）m 或经过

30 s 时,GYK 发出报警音;在轨道车运行 150 m 或 40 s 以内不按警惕按键,限速变为 0 km/h,输出紧急制动指令,停车后允许缓解,重新生成模式限速曲线。

A. 150　　B. 200　　C. 100　　D. 250

8. GYK 信号自检时必须要达到两个条件,分别为机车信号为(　　)和停车。

A. 红灯　　B. 白灯　　C. 红黄灯　　D. 无灯

9. GYK 的警醒功能默认值下,当速度高于(　　) km/h 时启动功能;运行 120 s 后开始灯光报警,灯光报警 3 s 后;开始声音报警 10 s 后,输出制动指令。

A. 15　　B. 10　　C. 36　　D. 20

10. DMI 轮流显示每个轴温传感器温度,当某一轴温超过环境温度 55 ℃或某一轴温超过(　　) ℃时,会发出语音报警,语音提示“轴温异常,准备停车”。司机按“警惕”键,可解除语音报警。

A. 100　　B. 200　　C. 90　　D. 89

11. GYK 实时监控列车管风压。轨道车从停车状态开始动车,列车管风压小于(　　) kPa 时,语音提示“风压不足,准备停车”。

A. 450　　B. 150　　C. 360　　D. 200

12. 目视行车模式的限速值为(　　)km/h。

A. 25　　B. 30　　C. 20　　D. 45

13. 机车信号变为红黄灯时,控制轨道车运行(　　)m 后停车。

A. 450　　B. 300　　C. 360　　D. 500

14. 机车在出库动车前司机应先确认调车信号开放(显示道岔开通),进入“目视行车”监控模式限速(　　)km/h,方可动车。

A. 40　　B. 20　　C. 23　　D. 25

15. 在需要调车作业时，停车按压【调车】键，选择“牵引”、“推进”或“连挂”监控装置限速转为“牵引（　　）km/h”、“推进 33 km/h”、“连挂 8 km/h”控制轨道车不高于固定限速进行作业

A. 43　　B. 40　　C. 80　　D. 20

16. 参数设定：按压（　　）键，监控设备进入参数设定界面。

A.【确认】　B.【设定】　C.【调车】　D.【车位】。

17. 当轨道车速度大于（　　）km/h 时，设备间隔 120 s 进行报警，司机按压台面警醒按钮或脚踩踏板进行应答，否则实施紧急制动。

A. 20　　B. 30　　C. 23　　D. 25

18. 车位误差在（　　）m 范围内，无论超前误差还是滞后误差，在地面整公里标处，按压【自动校正】键，监控装置将自动调整到整公里。

A. 200　　B. 300　　C. 400　　D. 500

19. 当车位误差大于 1 km 以上时，先按压【车位】键（　　）s 之内再按【向前】或【向后】键可将车位调整到最近整公里标处。

A. 5　　B. 3　　C. 5　　D. 7

20. 地面数据正常监控模式中遇有支线需要跳转时，先按压【查询】键在按压（　　）键选到对应支线后按压【确认】键。

A.【↓】　B.【车位】　C.【警惕】　D.【确认】

21、列车停车时如列车管压力高于 450 kPa 时，5 s 后连续语音提示“注意管压防溜”。司机按压（　　）键或追加减压低于 450 kPa 时，解除语音提示。

A.【↓】　B.【车位】　C.【确认】　D.【警惕】

22. 半自动闭塞区间，出站后机车信号变为白灯时，监控装置按(　　)限速控制。

A. 白灯　B. 红灯　C. 无灯　D. 红黄灯

23. 机车信号由进行信号绿灯、绿黄灯变为白灯，按前方信号机关闭监控轨道车运行，控制轨道车运行(　　)m 后停车。

A. 1 800　B. 1 000　C. 1 500　D. 1 400

24. 机车信号由黄灯、黄 2、黄 2 灯闪变为白灯，控制轨道车运行(　　)m 后停车。

A. 500　B. 700　C. 800　D. 1 000

25. 机车信号由允许信号变为灭灯、多灯时，按停车信号监控轨道车运行，控制轨道车在(　　)m 内停车。

A. 900　B. 600　C. 300　D. 700

26. 调车模式分为如下三种状态："牵引"、"推进"、(　　)状态。

A. 运行　B. 连挂　C. 摘解　D. 减速

27. 区间作业分为五种状态：区间作业进入、区间作业返回、区间作业防碰、区间作业编组、(　　)km/h 连挂。

A. 1　B. 8　C. 5　D. 3

28. 在"区间作业进入状态"界面，依次输入"调度命令号"、"车次"、"作业起点"、"作业终点"，"封锁区间限速"、"作业区间限速"，"出站信号机公里标"，按(　　)键确定。

A.【↓】　B.【车位】　C.【确认】　D.【警惕】

29. 区间作业固定限速值取封锁区间限速、作业区间限速、编组限速、临时限速的(　　)值。

A. 临时限速值　B. 平均

C. 最低　D. 最高

30. 取消区间作业防碰，则在“区间作业防碰”窗口中将“调度命令号”改为(　　)即可。

A. 1　　B. 8　　C. 10　　D. 0

31. 当出站信号机开放，机车信号为白灯、红灯，速度为0发车，按停车信号控制。在自动闭塞区段，设备提供确认条件，持续按压(　　)键2 s以上，显示【非正常行车确认】窗口，选择【地面信号确认】选项，按压【确认】键进行确认，设备解除停车控制，按道岔限速30 km/h控制运行。

A.【↓】　　B.【车位】　　C.【↑】　　D.【警惕】

32. 轨道车在出站(或发车进路)信号机前停车后，持续按压【↑】键2 s以上，设备显示“非正常行车确认”窗口，选择“绿色许可证”选项，输入调度命令号、绿色许可证编号，确定地面信号开放后按压【解锁】+【确认】键，装置解除本架信号机的停车控制，按道岔限速(　　)km/h运行。

A. 10　　B. 25　　C. 30　　D. 45

(二)判断题

1. 区间作业模式下，不受地面信号的影响。(　　)

2. 在有速度的情况下，可以直接转换运行模式。(　　)

3. 手动校正信号机必须在停车的情况下才能进行。(　　)

4. 在半自闭区间里，区间接收到的干扰信号会控制轨道车的运行。(　　)

5. 进入区间作业(进入)模式没有任何条件限制。(　　)

6. 正常监控模式是用于轨道车非正常运行控制，是根据输入有效的机车信号信息、速度信息，地面数据信息进行控制。(　　)

7. 机车信号变为绿灯、黄2灯、绿黄灯时，控制轨道车不超过绿灯、黄2灯、绿黄灯的速度运行，距离窗口显示空白。（　）

8. GYK设备具有以下五种控制模式：正常监控模式、调车模式、平视行车模式、特殊作业模式、非正常行车模式。（　）

9. 溜逸控制功能有空挡溜逸、相位溜逸、管压溜逸三种。（　）

10. GYK允许轨道车以低于道岔限速出站，并解除出站信号机和下一站间的所有区间信号机的停车控制，运行至下一站进站信号机前时自动解除"路票"行车，按调车信号机的显示控制轨道车运行。（　）

11. GYK主机共有八个单元，分别为UBS单元、电源单元、模拟入出单元、机车信号单元、模拟入出单元、主控记录单元、语音记录单元、备用单元。（　）

12. 半自动闭塞区间，出站后机车信号变为白灯时，监控装置按黄灯限速控制。（　）

13. 机车信号由进行信号黄灯变为白灯，按前方信号机关闭监控轨道车运行，控制轨道车运行1 400 m后停车。（　）

14. 机车信号由黄灯、黄2、黄2灯闪变为白灯，控制轨道车运行700 m后停车。（　）

15. 机车信号由允许信号变为灭灯、多灯时，按停车信号监控轨道车运行，控制轨道车在1 000 m内停车。（　）

16. 机车信号由停车信号变为灭灯、多灯时，按运行曲线控制。（　）

17. 调车模式分为如下三种状态："牵引"、"推进"、"连挂"状态。（　）

18. 区间作业分为五种状态：区间作业进入、区间作业返

回、区间作业防碰、区间作业编组、5 km/h 连挂。（　　）

19. 区间作业进入用于轨道车进入站场区间结合部作业的控车模式。（　　）

20. “区间作业模式（进入）”在轨道车行驶至区间后按压开车键。（　　）

21. 区间作业固定限速值取封锁区间限速、作业区间限速、编组限速、临时限速的最高值。（　　）

22. 区间作业固定限速值取封锁区间限速、作业区间限速、编组限速、临时限速的最低值。（　　）

23. 在“区间作业返回”窗口，司机输入“返回车次”、“当前公里标”、前方“进站（反向进站）信号机公里标”、“封锁区间限速”，按【确认】键确定，此时屏幕左上角显示“区间作业模式（返回）”。选择另外一种控制模式则退出该模式。

（　　）

24. 区间作业返回限速值取封锁区间限速、作业区间限速、编组限速、临时限速的最低值。（　　）

25. 区间作业防碰用于轨道车在设定的作业起点和终点公里标范围内作业的控车模式。（　　）

26. 取消区间作业防碰，则在“区间作业防碰”窗口中将“调度命令号”改为 8 即可。（　　）

27. 区间作业编组用于轨道车连挂完毕进行编组的控车模式。（　　）

28. 5 km/h 连挂用于轨道车进行车组连挂的控车模式。

（　　）

29. 正常行车模式具有地面信号确认、路票行车、绿色许可证行车、引导进站四种非正常行车状态。（　　）

30. 设备在补机状态时，DMI 窗口左上角显示“补机状态”。（　　）

31. 需要退出补机状态时,在停车状态下按压 DMI 面板【设定】键,出现“参数设定”窗口。选择“本务”,按压【确认】键,即可退出补机状态。 （ ）

32. 补机状态下,监控只记录,不进行语音提示,超速进行制动控制。 （ ）

33. 当轨道车由停车状态移动,若轨道车速度传感器两通道相位与轨道车运行方向相反,轨道车运行速度≥3 km/h 或车辆移动距离≥10 m 时,产生防溜报警,语音提示“注意相位防溜”,在 10 s 内按压【警惕】键可解除语音报警,否则输出紧急制动。 （ ）

34. 当轨道车运行速度≥10 km/h,继续产生防溜报警,语音提示“注意相位防溜”,在 10 s 内按压【警惕】键可解除语音报警,否则输出紧急制动。 （ ）

35. 当轨道车未加载(即工况为空挡)由停车状态移动时,速度≥3 km/h 或车辆移动距离≥10 m 时,产生防溜报警语音提示“注意空挡防溜”,在 250 s 内按压【警惕】键可解除语音报警,否则输出紧急制动。 （ ）

36. 轨道车速度从≥20 km/h 降为 0,停车后的列车管压值与运行时最高管压相比较,管压下降 <180 kPa(一次减压不足 80 kPa),产生防溜报警语音提示“注意管压防溜”,在5 s 内追加减压≥180 kPa 或者按压【警惕】键可解除语音报警,否则输出紧急制动。 （ ）

37. 司机每次出乘时必须确认显示器的日期及时间与实际日期时间是否相符,有误差时则需要修正。 （ ）

38. 查询选择功能:按压【查询/.】键 1 s,监控设备进入查询选择界面。 （ ）

39. 在查询选择界面,按压数字键【9】+【确认】键进入“站名数据”窗口。 （ ）

40. 在参数设定界面光标初始化是在“0 返回”项，用前进、后退键移动光标修改参数。（　　）

41. 司机输入参数并确认参数信息正确后，将光标移动到“确认”选项上按压【确认】键，“开车”标识灯亮。（　　）

42. 当轨道车速度大于 20 km/h 时，设备间隔 120 s 进行报警，司机按压解锁进行应答，否则实施紧急制动。（　　）

43. 机车运行中，由于轮对空转、滑行、轮径等原因造成车位不准产生距离误差时，司机需进行一次性手动车位调整。（　　）

44. 车位误差在 500 m 范围内，无论超前误差还是滞后误差，在地面整公里标处，按压【自动校正】键，监控装置将自动调整到整公里。（　　）

45. 解除路票行车若需手动解除路票行车，则在停车后，按压【↑】键 10 s 以上，进入“路票输入”窗口，在“调度命令号”一栏中输入 0，再按【确认】即可。（　　）

46. 当出站信号机开放，机车信号为白灯、红灯，速度为 0 发车，按停车信号控制。在自动闭塞区段，设备提供确认条件，持续按压【↑】键 2 s 以上，显示【非正常行车确认】窗口，选择【地面信号确认】选项，按压【确认】键进行确认，设备解除停车控制，按道岔限速 15 km/h 控制运行。（　　）

47. 轨道车在出站（或发车进路）信号机前停车后，持续按压【↑】键 2 s 以上，设备显示“非正常行车确认”窗口，选择“绿色许可证”选项，输入调度命令号、绿色许可证编号，确定地面信号开放后按压【解锁】+【确认】键，装置解除本架信号机的停车控制，按道岔限速 30 km/h 运行。（　　）

48. 解除路票行车若需手动解除路票行车，则在停车后，按压【↑】键 2 s 以上，进入“路票输入”窗口，在“调度命令号”一栏中输入 0，再按【确认】即可。（　　）

参考答案

(一)选择题

1. B	2. D	3. A	4. A	5. D	6. D	7. C
8. B	9. D	10. C	11. A	12. C	13. D	14. C
15. A	16. B	17. A	18. D	19. B	20. A	21. D
22. A	23. D	24. B	25. D	26. B	27. C	28. C
29. C	30. D	31. C	32. C			

(二)判断题

1. √	2. ×	3. ×	4. ×	5. ×	6. ×	7. ×
8. ×	9. √	10. ×	11. ×	12. ×	13. ×	14. √
15. ×	16. ×	17. √	18. √	19. ×	20. ×	21. ×
22. √	23. √	24. √	25. √	26. ×	27. ×	28. √
29. ×	30. √	31. √	32. ×	33. √	34. √	35. ×
36. ×	37. √	38. ×	39. ×	40. ×	41. ×	42. ×
43. √	44. √	45. ×	46. ×	47. √	48. √	

三、轨道车保养

(一)选 择 题

1. 喷油泵的基本要求是根据(　　)和混合气形成方法的不同要求,保证喷油器喷出的柴油细散,使之和燃烧室中的空气均匀混合。

A. 喷油泵　　B. 油器喷

C. 涡轮增压式　　D. 燃烧室型式

2. 重型轨道车每行驶(　　),对车轴进行一次探伤检查。

A. 1 500 ~2 000 km　　B. 半年

C. 1 000 km　　D. 8 000 ~10 000 km

3. 使用中的大车钩在关锁状态时,钩舌最大开度为(　　)mm。

A. 30 ~50　　B. 35 ~45

C. 40 ~50　　D. 75

4. 大小和方向不随时间变化的电流称(　　)。

A. 直流电　　B. 交流电　　C. 电压　　D. 电流

5. 活塞自下止点向上止点移动,进、排气门均关闭,进入气缸内的空气被压缩,构成(　　)。

A. 高温高压　　B. 压缩冲程

C. 做功行程　　D. 压缩终了

6. 整台柴油机气缸编号应为连续的顺序号,对于 V 形柴油机,面对功率(　　)分成左右两列,右列先序。

A. 自由端　　B. 输出端　　C. 输入端　　D. 前端

7. 轨道车辆的型号由轨道车辆名称代号、结构特点代号和(　　)等三部分组成。

A. 构造速度　　B. 发动机型号

C. 牵引力　　D. 主参数

8. 车辆两端的车钩处在闭锁位置时，钩舌内侧面之间的距离称(　　)。

A. 换长　　B. 车辆全长

C. 外形尺寸　　D. 车钩中心线

9. 任何车辆最前位和最后位车轴中心线间的距离称为(　　)。

A. 全轴距　　B. 固定轴距

C. 车辆定距　　D. 定距

10. 使用中的轨道车闸瓦厚度不得小于(　　)mm。

A. 23　　B. 20　　C. 15　　D. 17

11. 目前轨道车轴轴承箱使用的润滑脂大多是(　　)。

A. 钙基脂　　B. 锂基脂

C. 铝基脂　　D. 铁道轴承脂

12. 液压减振器将振动冲击能量通过各种(　　)形式变为热量散发，从而使振动衰减，达到平稳运行的目的。

A. 压缩　　B. 阻尼　　C. 衰减减振

13. 发动机启动一次按下启动机电钮的时间最长不超过(　　)s。

A. 7　　B. 15　　C. 10　　D. 20

14. 轨道车冷车起动后，应松开离合器踏板低速运转(　　)min。

A. 2　　B. 3 ~ 5　　C. 10　　D. 5

15. 操纵轨道车下坡时，发动机不准熄火，(　　)空挡溜放。

A. 高速　　B. 不准　　C. 允许　　D. 低速

16. 康明斯 NTC-290 型发动机发火顺序为(　　)。

A. 1—4—3—6—2—5 缸　B. 1—5—4—3—2—4 缸

C. 1—5—2—6—3—4 缸　D. 1—5—3—6—2—4 缸

17. 气缸体中用作活塞往复运动的内腔称为(　　)，气缸内壁是活塞的导向装置。

A. 工作容积　　B. 气缸

C. 活塞行程　　D. 压缩容积

18. 基础制动是由制动缸活塞杆、(　　)和闸瓦等部分组成的。

A. 传动装置　　B. 制动梁

C. 制动装置　　D. 制动拉杆

19. 输油泵的作用是保证柴油在(　　)内循环，克服管路及滤清器的阻力，并保证连续不断地供应足够数量及一定压力的柴油给喷油泵。

A. 供油开始时间　　B. 供油延续时间

C. 喷油压力　　D. 低压油路

20. 风扇的功用是增大流经散热器芯部空气的流速，提高散热器的散热能力，常用的是(　　)风扇。

A. 径流式　B. 轴流式　C. 离心式　D. 涡流式

21. 发动机型号表示产品的主要特征和性能，135 系列柴油发动机中的“135”表示柴油机的(　　)。

A. 行程　　B. 缸径

C. 一缸 35 mm 行程　　D. 一缸 35 mm 缸径

22. 冬季必须放尽散热器和发动机内的(　　)。

A. 燃油　B. 润滑油　C. 防冻液　D. 冷却水

23. 柴油机在单位时间内对外做功量称为有效功率，用符号 N_e 表示，单位为(　　)。

A. km　B. kN　C. kW　D. kV

24. 轨道车制动时，初次减压量一般为(　　)。

A. 0.5 kPa　B. 50 kPa　C. 0.5 MPa　D. 140 kPa

25. 轨道车的功率系指发动机的装车功率,即由使用环境和条件决定的(　　)。

A. 最大功率　　B. 牵引力

C. 最小功率　　D. 牵引特性

26. 水泵的功用是对冷却水(　　),使水在冷却系统内加速循环。

A. 冷却　B. 循环　C. 加压　D. 提高散热

27. 曲轴连杆机构由(　　)和运动机件组成。

A. 固定机件　　B. 气缸盖

C. 气缸体　　D. 曲轴箱

28. GC120 型轨道车制动系统所用的是(　　)三通阀。

A. GK 型　B. K1 型　C. K2 型　D. P 型

29. 润滑系统包括机油泵、集滤器、(　　)、散热器、润滑油道以及机油压力表和传感器等辅助器件。

A. 机油　　B. 油箱

C. 润滑油　　D. 机油粗和细滤清器

30. 为了防止启动机发生损坏,连续启动发动机的时间不得超过 30 s。如果发动机在前 30 s 内不能着火,须等候(　　)min 后再行启动。

A. 3　B. 5　C. 7　D. 2

31. 在更换过发动机机油后,应在发动机运转几分钟以后,停下发动机并等(　　)min,待机油流回到机油盘中,再一次检查发动机机油平面。

A. 10　B. 12　C. 15　D. 20

32. 发动机冷却水温度 74 ~ 91 ℃是最理想的,此时发动机的工作零件得到了均匀的膨胀,从而获得了最佳油膜间隙,发动机冷却液的最高温度不得超过(　　)℃。

A. 95　　B. 93　　C. 83　　D. 85

33. 停车前使发动机怠速运转(　　)min,让润滑油和冷却水带走燃烧室、轴承和轴等部位的热量,这对涡轮增压式发动机尤为重要。

A. 3 ~ 5　　B. 1 ~ 2

C. 10 ~ 20　　D. 6 ~ 7

34. 发动机工作时,一个活塞冲程相当于曲轴旋转(　　)。

A. 120°　　B. 90°　　C. 180°　　D. 360°

35. 康明斯系列发动机正常机油温度应在(　　)℃。

A. 82 ~ 107　　B. 62 ~ 87

C. 80 ~ 100　　D. 82 ~ 108

36. 康明斯系列柴油发动机冷却水温度在(　　)℃是最理想的。

A. 65 ~ 70　　B. 70 ~ 100

C. 74 ~ 91　　D. 95 ~ 100

37. 康明斯系列柴油发动机冷却液最高温度不得超过(　　)℃。

A. 91　　B. 93　　C. 95　　D. 97

38. H-6 型自动制动阀是制动装置的操纵部件,有(　　)、保压、常用制动、非常制动四个位置。

A. 放风　　B. 充风　　C. 缓解　　D. 运转

39. 冷却泵的作用是使发动机在启动时很快升温,并及时将(　　)散出大气,以保证发动机在正常的温度下工作。

A. 受热机件的热量　　B. 发动机的热量

C. 冷却水的热量　　D. 发动机机油热量

40. 润滑系的作用是将润滑油不间断地输送到(　　),减少机件磨损,并起部分机件密封、冷却、清洗作用。

A. 运动件的表面　　B. 发动机润滑油路

C. 发动机各油道　　D. 摩擦件的表面

41. 喷油泵的基本要求是根据柴油机的(　　),供应所需的燃油量。

A. 功率　　B. 工作循环

C. 负荷大小　　D. 转数

42. 发动机冷却系统由水泵、散热器、(　　)、分水管、节温器、水套和气缸体放水阀等组成。

A. 连接软管　　B. 水管卡子

C. 风扇　　D. 水箱盖

43. 发动机曲轴连杆机构的固定机件,由(　　)、气缸体、曲轴箱和飞轮壳等组成。

A. 气缸床　　B. 气缸盖

C. 缸盖螺栓　　D. 飞轮螺栓

44. 对喷油泵的基本要求是根据柴油机工作循环的要求,保证一定的供油(　　)和延续时间。

A. 油量　　B. 油压　　C. 质量　　D. 开始时间

45. 发动机气缸总容积与(　　)的比值称为压缩比。

A. 工作容积　　B. 压缩容积

C. 气缸容积　　D. 活塞行程

46. 发动机冷却系统的作用是使发动机在启动时能很快升温,并及时将受热件的热量散出大气以保证发动机在(　　)下工作。

A. 90 ℃　　B. 较高温度

C. 80 ℃　　D. 正常温度

47. 发动机曲轴连杆机构由固定机件和(　　)组成。

A. 运动机件　　B. 活塞连杆组

C. 曲轴飞轮组　　D. 配气机构

48. 制动系统制动减压不起作用的主要原因是(　　)作用不良。

A. 减压阀　B. 三通阀　C. 制动缸　D. 副风缸

49. 当轨道车被无火回送(牵引运行)时,操纵换向机构应放置在(　　)。

A. 中立位　B. 前进位　C. 反位　D. 保持位

50. 充风时,列车管最初进入(　　)的压缩空气推动主活塞向右方移动,露出充风沟,风压经过此沟,进入副风缸进行充风。

A. 减压阀　B. 三通阀　C. 制动机　D. 主风管

(二)判断题

1. 发动机润滑系统的任务就是把清洁、压力和温度适宜的润滑油送至各摩擦表面进行冷却。(　　)

2. 根据冷却水在发动机中进行循环的方法不同,发动机冷却方式又分自然循环冷却和强制循环冷却两类。(　　)

3. 离合器主动部分由发动机曲轴连杆机构中的飞轮等组成。(　　)

4. 离合器从动部分由从动盘、变速器输入轴等组成。(　　)

5. 直流发电机主要由磁极、电枢和整流子三部分组成。(　　)

6. 喷油器按结构形式分为开式喷油器和闭式喷油器两大类。(　　)

7. 水泵的作用是强制加速水套内水的循环流转,增强冷却效能。(　　)

8. 以曲轴的旋转角度来表示进、排气门开始开启和关闭终了的时间称为配气相位。(　　)

9. 发动机由气门组、配气机构、燃料供给系统、冷却系统、润滑系统和起动装置组成。 ( )

10. 空气制动系统的动力来源于发动机。 ( )

11. 减压阀可根据列车管风压的高低,自动调节为半给风位、全给风位和停止给风位。 ( )

12. 非常制动位是遇有紧急情况需迅速停车时的位置。 ( )

13. 三通阀由作用部、递动部、减速部和紧急部四部分组成。 ( )

14. 常用制动时,最大减压量一般为 140 kPa。 ( )

15. PT 泵采用调速器控制,其基本型只装有两速调速器,只控制柴油机的转速和最高转速。 ( )

16. 冬季启动发动机时应加热水预热发动机,加注启动液启动发动机。 ( )

17. 曲轴的作用是承受由活塞经连杆传来的启动力,把活塞的往复直线运动转变为热能,并通过连杆推动活塞完成进气、压缩、排气这三个辅助行程。 ( )

18. 空气滤清器的作用是滤去空气中的灰尘,以减少气缸的磨损。 ( )

19. 喷油器的作用是以高压 18 ~ 20 MPa 将柴油雾化成极细颗粒,均匀地喷入气缸燃烧室。 ( )

20. 喷油泵的作用是按规定时间将高压柴油输送到喷油器而进入气缸。 ( )

21. 输油泵的作用是把柴油从油箱压送到滤清器,经滤清后输入喷油泵。 ( )

22. 汽油机与柴油机不同,汽油机工作混合气的燃烧是压燃的。 ( )

23. 机油泵的作用是将油底壳(机油盘)中的机油,加压

送到各油道，润滑发动机各部件。（ ）

24. 传动系统的作用是将发动机输出的扭矩增大，并传给驱动轮对，推动轨道车行驶。（ ）

25. 变速器的主要作用是改变传动系统的传动比，使轨道车能随行驶阻力的变化获得所需的牵引力和行驶速度。（ ）

26. 换向箱的作用是变换轨道车正行和逆行，把变速器的动力分别传到前后车轴齿轮箱。（ ）

27. 车轴齿轮箱的作用是将旋转方向改变 90°，并将输入扭矩放大，驱动轮对，使轨道车行驶。（ ）

28. 四行程发动机每完成一个工作循环，曲轴旋转一周。（ ）

29. 四行程发动机每完成一个工作循环，凸轮轴旋转二周。（ ）

30. 轨道车走行部分由轮对、轴箱和弹簧组成。（ ）

31. 轨道车电源主要有蓄电池和发电机两个电源。（ ）

32. 轨道车在多辆编组时，104 分配阀由前向后依次产生的制动传播速度高、制动力强。（ ）

33. 目前轨道车有机械传动和液力传动两种。（ ）

34. 活塞销用来连接活塞和连杆，它承受活塞运动时的往复惯性力和气体压力并传递给连杆。（ ）

35. 连杆由连杆小头、连杆杆身和连杆大头三部分组成。（ ）

36. 喷油泵的结构形式很多，按作用原理不同，大体可分为三类：旋转式喷油泵和转子式分配泵。（ ）

37. 柱塞式喷油泵是利用柱塞上、下运动来泵油的，为目前大多数中、小功率高速柴油机所采用的输油泵有活塞式、齿

轮式、转子式和叶片式等。 (　　)

38. 柱塞式喷油泵主要由齿轮式输油泵、调速器、节流阀和切断阀四部分组成。 (　　)

39. 发动机冷却系统的作用是将燃油燃烧和运动机件的摩擦而产生的热量及时散出机体外，保持它们的温度在适当的范围内，以保持发动机的正常运转。 (　　)

40. 水泵的作用是强制加速水套内水的循环流转。 (　　)

41. 当列车进入坡道时，所受到的阻力称为坡道阻力。 (　　)

42. 列车通过曲线时所产生的附加阻力称为曲线阻力。 (　　)

43. 配气机构的作用是按照内燃机各缸着火次序，使空气或可燃混合气进入气缸并将废气排出气缸。 (　　)

44. 配气机构的作用是按照内燃机各缸着火次序，使可燃混合气及时燃烧。 (　　)

45. 活塞的作用是承受气体的高温和高压的燃气作用力。 (　　)

46. 活塞由顶部、头部和裙部三部分组成。 (　　)

47. 活塞由顶部、裙部、活塞销座三部分组成。 (　　)

48. 燃油由输油泵送入滤清器，通过纸质滤芯清除燃油中的杂质，进入滤油筒内腔，再通过滤清器座上的集油腔通向喷油泵。 (　　)

49. 全开放位置是车钩处于完全连接的位置。 (　　)

50. 柴油机转速增大，供油量也略有增大。 (　　)

参考答案

(一)选 择 题

1. D　2. D　3. A　4. A　5. B　6. B　7. D
8. B　9. A　10. D　11. B　12. C　13. A　14. B
15. B　16. D　17. B　18. A　19. D　20. B　21. B
22. D　23. C　24. B　25. A　26. C　27. A　28. A
29. D　30. D　31. C　32. B　33. A　34. C　35. A
36. C　37. B　38. C　39. A　40. A　41. C　42. C
43. B　44. D　45. B　46. D　47. A　48. B　49. A
50. B

(二)判 断 题

1. ×　2. √　3. √　4. √　5. √　6. √　7. √
8. √　9. ×　10. ×　11. √　12. √　13. √　14. √
15. ×　16. √　17. ×　18. √　19. √　20. √　21. √
22. ×　23. √　24. √　25. √　26. √　27. √　28. ×
29. ×　30. √　31. √　32. √　33. √　34. √　35. √
36. ×　37. √　38. √　39. √　40. √　41. ×　42. ×
43. √　44. ×　45. ×　46. √　47. ×　48. √　49. ×
50. √

四、高铁行车组织

(一)选 择 题

1. 高铁轨道车出乘前,轨道车司乘人员班前必须保证有(　　)h 以上的卧床休息时间,严禁饮酒。

A. 4　　B. 6　　C. 8　　D. 10

2. 由于客专线区间距离均在 40 km 以上,轨道(作业)车在运行途中发生故障被迫停车时,乘务人员应及时处理,超过(　　)min 必须请求救援。并按《铁路技术管理规程》和《行车组织管理规则》设好防护。

A. 30　　B. 20　　C. 15　　D. 40

3. 高铁轨道车辆在 6‰以上坡道上作业或者停留时,司机在停车后,列车管要保持减压在(　　)kPa 以上,闸缸压力达到 300 kPa 以上,并拉紧手制动。同时司乘人员要密切注意保压情况,出现自动缓解情况,要立即实施再次制动、保压,防止车辆溜逸。车列进行分解时必须保持制动状态,分解完毕司机确认动车手信号后方可缓解移动车辆,坡道上连挂时应由坡底车辆连挂坡上车辆。

A. 140　　B. 50　　C. 100　　D. 300

4. 高铁轨道车运行时必须双机重联(封锁区间作业时除外),并严格控制运行速度,出、入库不得超过(　　)km/h。

A. 10　　B. 3　　C. 8　　D. 5

5. 高铁站场转线调车不得超过(　　)km/h(过岔群时速度不得超过 10 km/h),区间运行不得超过 80 km/h。

A. 40　　B. 43　　C. 30　　D. 20

6. 高铁轨道车进站、出站速度不超过 20 km/h,进入区间必须做贯通试验,严禁推进运行,进入封锁区间推进运行时,运行速度不得超过(　　)km/h,作业时的运行速度不得超过10 km/h,并认真执行调车作业监控装置打点,工班长、工作领导人共同确认前方信号并呼唤应答。

A. 30　　B. 15　　C. 20　　D. 10

7. 高铁轨道车在接近被挂轨道车 20 m 前必须一度停车,在距被挂车辆 1 m 前停车再挂,连挂速度不得超过(　　)km/h。

A. 5　　B. 3　　C. 8　　D. 10

8. 高铁轨道车运行过程中在中间站停车超过(　　)min时,机班要对轨道车的走行部、制动部进行检查(邻线未封锁时只能在田野侧,严禁在两线中间进行站检)。

A. 20　　B. 30　　C. 5　　D. 10

9. 高铁进站、进路信号机显示含义:一个红色灯光和一个月白色灯光表示准许列车在该信号机前方不停车,以不超过(　　)km/h 的速度进站或通过接车进路,并须准备随时停车。

A. 40　　B. 60　　C. 20　　D. 30

10. 施工路用列车进入封锁区间的行车凭证为(　　)。

A. 绿色许可证　　B. 调度命令

C. 路票　　D. 出站信号

11. 高铁进站、进路信号机显示含义:一个红色灯光和一个月白色灯光表示准许列车由车站以站间闭塞方式出发,发车进路列车速度不超过(　　)km/h,并须准备随时停车。

A. 40　　B. 60　　C. 45　　D. 20

12. 使用带 T 字的移动减速信号牌进行防护时的防护距离为(　　)m。

A. 1 000　　B. 2 000　　C. 1 500　　D. 1 400

13. 高铁路用列车在封锁区间内作业时,相互必须保持

(　　)m 及以上安全距离。

A. 400　　B. 600　　C. 500　　D. 100

14. 高铁轨道车在收到出动的调度命令后，白天应在15 min内、夜间在(　　)min 内出动。

A. 15　　B. 20　　C. 10　　D. 30

15. 转线时运行速度最高不超过(　　)km/h。

A. 40　　B. 30　　C. 10　　D. 20

16. 高铁轨道车运行应严格控制运行速度，过岔时最高不超过(　　)km/h。

A. 30　　B. 20　　C. 10　　D. 15

(二)判 断 题

1. 高铁路用列车跨越站界施工、维修作业时，必须同时封锁运行径路上的区间、道岔和股道，凭调度命令在封锁线路上移动，不受施工、维修作业端进站、出站信号的限制。(　　)

2. 高铁路用列车必须整列进站、出站。施工作业完毕，施工单位联络员须确认整列完整返回车站后，方可申请办理开通。(　　)

3. 高铁路用列车需由区间返回站内时，司机需得到车站值班员的同意后，方可返回。(　　)

4. 高铁路用列车进入施工地段时在防护人员显示的停车手信号前停车，再根据施工人员的要求，按照调车方式进入指定地点。(　　)

5. 高铁处理设备故障需出动轨道车时，由设备管理部门提出申请，调度所值班主任批准。轨道车司机凭出站信号进入处理故障的区间。(　　)

6. 高铁施工路用列车开入封锁区间时，同一封锁区间原则上只开行一列路用列车。遇特殊情况，需向同一封锁区间开行两列及以上路用列车时，须在施工方案中制定完备的安全防护措施。 (　　)

7. 武广客运专线正方向列车按自动闭塞追踪运行，反方向按自动站间闭塞行车。组织列车反方向运行时，无须发布调度命令。 (　　)

8. 武广客运专线调度命令必须在列车进入关系区间(站)前交付，未得到回执前，不得开放接发该次列车的出站或进站信号。 (　　)

9. 在未设调车信号机的车站或线路上进行调车作业以及需越出站界调车时，车站进出站信号机不得点灯。 (　　)

10. 高铁进出站(进路)信号在开放状态关闭，造成列车冒进停车时，列车调度员应用列车无线调度通信设备向司机说明情况，列车可继续运行。 (　　)

11. 高铁进出站(进路)信号在开放状态关闭，轨道车冒进进站(接车进路)信号机时，可将列车接入站内；冒进出站(发车进路)信号机时，列车调度员应用列车无线调度通信设备向司机说明情况，可通知司机继续运行。 (　　)

12. 高铁施工路用列车应按规定配备运行控制设备，按地面信号机显示运行。运行控制设备故障时，路用列车不得上线运行。 (　　)

13. 高铁路用列车上线运行应纳入施工计划，并向调度所提供《自轮运转特种设备运行、作业计划表》，注明发站、到站、编组、运行径路、作业地点及转线计划。列车调度员根据施工计划，发布准许施工路用列车上线运行的调度命令。

(　　)

14. 高铁出站信号机显示一个绿色灯光：表示准许列车由车站以站间闭塞方式出发，前方站间空闲。 (　　)

15. 武广客运专线列车调度员使用无线传递系统向司机下达书面调度命令时，司机应及时签认接收。司机对其内容有疑问时，须立即向列车调度员询问。 (　　)

16. 武广客运专线在未设调车信号机的车站或线路上须越出站界进行调车作业时，由车站引导进行调车。 (　　)

17. 高铁司机不能使用机车综合无线通信设备进行通话时，应立即使用 GSM-R 手持终端报告列车调度员，如 GSM-R 手持终端也不能进行通话，司机应在前方站停车报告。

(　　)

18. 高铁各作业点轨道车超出本车范围作业及连挂车辆时，两台车在同一线路可同时相对移动。 (　　)

19. 高铁进站、进路信号机显示一个黄色闪光和一个黄色灯光：表示准许列车按限速要求越过该信号机，经道岔侧向位置进入站内准备停车。 (　　)

20. 高铁轨道车作业完毕后，可多台轨道车移动连挂。

(　　)

21. 高铁由于区间无实体信号机，通过信号由发码器进行发码。严禁未安装机车信号接收装置的轨道车列运行（采用路票方式行车除外）。 (　　)

22. 高铁轨道车司机进、出库、站场转线及区间运行和作业时监控装置必须全程开机，进入补机状态，监控装置不能起监控作用，只有记录功能，使用中严格执行监控打点制度。

(　　)

23. 高铁轨道（作业）车在曲线区段外轨超高 125 mm 及以上作业时，作业平台严禁向曲线内侧旋转，且作业平台外端不得超过两人同时作业（载重不得超过 200 kg）（特种摆式作业车除外）。严禁车列在曲线上进行分解、连挂作业。

(　　)

参考答案

(一)选择题

1. B　2. C　3. A　4. D　5. D　6. A　7. B
8. C　9. A　10. B　11. A　12. D　13. C　14. B
15. D　16. C

(二)判断题

1. √　2. √　3. ×　4. √　5. ×　6. √　7. ×
8. √　9. ×　10. ×　11. √　12. √　13. √　14. √
15. √　16. ×　17. √　18. ×　19. √　20. ×　21. √
22. √　23. √

第三部分　汽车司机

(一)选 择 题

1. 制定《中华人民共和国道路交通法》的目的是为了(　　)。

A. 使车辆按规定的速度行驶

B. 圆满完成运输任务

C. 保障道路交通的有序、安全和畅通

2. 交通信号灯红灯亮时,车辆应(　　)。

A. 停在人行横道线上

B. 停在交叉路口以内

C. 停在停止线以外

3. 机动车在狭窄的坡路会车时,正确的会车方法是(　　)。

A. 上坡的一方先行,但是下坡的一方已行至中途而上坡的一方未上坡时,让下坡车先行

B. 下坡的一方让上坡的一方先行

C. 上坡的一方让下坡的一方先行

4. 交通事故的损失是由非机动车驾驶人、行人(　　)造成的,机动车一方不承担责任。

A. 意外　　B. 过错　　C. 故意

5. 机动车在夜间临时停车时,应开(　　)。

A. 示宽灯,后位灯　　B. 追光灯

C. 远光灯

6. 进入高速公路的车辆应当具有(　　)标志牌。

A. 指示　　B. 警告　　C. 指路

7. 设计最高时速低于(　　)km 的机动车，不得进入高速公路。

A. 70　　B. 50　　C. 80

8. 一个记分周期为(　　)。

A. 6 个月　　B. 12 个月　　C. 两年

9. 驾驶禁止驶入高速公路的机动车驶入高速公路的，一次应记(　　)分。

A. 2　　B. 3　　C. 6

10. 有下列行为之一者承担交通事故全部责任(　　)。

A. 当事人撞伤行人

B. 当事人故意破坏、伪造现场、毁灭证据的

C. 当事人有交通违法行为的

11. 货运机动车超过核定载质量 30% 或者违反规定载客的处(　　)。

A. 200 元以上 500 元以下罚款

B. 500 元罚款

C. 500 元以上 2 000 元以下罚款

12. 哪些车辆不准载人行驶(　　)。

A. 货运汽车挂车　　B. 大型货运汽车

C. 小型货运汽车

13. 机动车在窄桥上会车时须(　　)。

A. 加速通过　　B. 减速靠右通行

C. 停车让路

14. 1 年内有两次酒后驾驶机动车的行为，被处罚两次以上的吊销机动车驾驶证，(　　)内不得驾驶营运机动车。

A. 1 年　　B. 3 年　　C. 5 年

15. 驾驶人不准以下面哪种方式收听广播(　　)。

A. 行车中戴耳机或耳塞　B. 行车中

C. 高速行驶时

16. 驾驶车辆时,驾驶人能否赤足或赤背(　　)。

A. 不准　B. 在夜间行驶可以

C. 在公路上行驶可以

17. 驾驶人过度疲劳时,如何驾驶车辆(　　)。

A. 不准驾驶车辆

B. 选择宽阔空闲的道路行驶

C. 可以低速驾驶车辆

18. 车辆行驶中,道路条件不能保证足够的横向安全间距时(　　)。

A. 应降低车速通行　B. 应提高车速运行

C. 应保持原车速运行

19. 行车中遇到幼童时应(　　)。

A. 提前减速或者停车,适当鸣喇叭

B. 汽车临近时鸣喇叭

C. 强行通过

20. 在山区低等级的冰雪道路上行车时,为保证安全,应当注意(　　)。

A. 下坡车让上坡车　B. 上坡车让下坡车

C. 各行其道

21. 车辆通过较大坑洼或宽沟槽时应(　　)。

A. 加速通过　B. 减速通过

C. 脱挡驶入

22. 行车中轮胎突然爆裂时的应急措施是(　　)。

A. 抢挡减速

B. 握稳方向,尽快平稳停车

C. 低速行驶,找地方换胎

23. 汽车横向翻车的原因是(　　)。

A. 转弯时,速度过快　　B. 车辆超载行驶

C. 变更车道

24. 超车时,如前方车辆不减速,应该(　　)。

A. 继续超车

B. 停止超车,与前方车辆保持安全距离

C. 鸣喇叭,继续加速行驶

25. 下面驾驶人的做法不对的是(　　)。

A. 安全驾驶,定期检修保养

B. 在道路上开快车,进行比拼

C. 遵守交通规则

26. 驾驶人清洗车辆时,应该(　　)。

A. 在车辆清洗点清洗　　B. 在道路上清洗

C. 在任何地点清洗

27. 汽车在翻车过程中,较好的自救方法是(　　)。

A. 尽快跳车　　B. 抓紧车内固定物法

C. 曲身抱体

28. 气压制动的汽车下坡,如果熄火滑行会导致(　　)。

A. 制动气压降低,造成制动失效

B. 过多使用启动机,造成电瓶亏电

C. 气缸的汽油成分冲洗润滑油,使机件加速磨损和造成发动机的动力下降

29. 雾天能见度低,(　　)车辆。

A. 严禁超越　　B. 可以超越

C. 超越其他车辆时必须鸣号

30. 超越停驶车辆时,应(　　)。

A. 加速超过　　B. 减速慢行,注意观察

C. 停车瞭望,再超越

(二)判断题

1. 黄灯亮时,不准车辆、行人通行,已越过停止线的车辆也不准运行。 ( )

2. 绿色箭头灯亮时,准许车辆按箭头所示方向运行。 ( )

3. 车辆被牵引时,宽度不准大于牵引车。 ( )

4. 机动车的噪声和排放的有害气体,必须符合国家规定的标准。 ( )

5. 驾车不能穿插或超越警车护卫的车队。 ( )

6. 机动车不准在禁止鸣喇叭的区域或路段鸣喇叭。 ( )

7. 机动车进、出非机动车道时,最高时速不准超过 30 km。 ( )

8. 机动车更换发动机,无须事先向车辆管理所申报,得到许可。 ( )

9. 在夜间和雾天等能见度不好的环境下临时停车,必须立即开启危险报警闪光灯。 ( )

10. 禁止妨碍公安交通管理部门调查事故。 ( )

11. 机动车与行人发生交通事故,由机动车方承担全部交通事故责任。 ( )

12. 离合器自由行程过小会使离合器分离不彻底。 ( )

13. 实习驾驶人可以运输危险物品。 ( )

14. 发现汽车着火时,最好用水去灭火。 ( )

15. 包扎四肢伤口时,结扎部位在伤口近心端。 ( )

16. 四肢骨折有骨外露,可用敷料包扎。 ( )

17. 伤员呼吸不畅时,应解开伤员的衣领扣和腰带。

( )

18. 搬运胸腰椎损伤的伤员时,可用软质担架。 ( )

19. 机动车驾驶人驾驶车辆时,必须携带驾驶证和行驶证。 ( )

20. 饮酒后不准驾驶机动车。 ( )

参考答案

(一)选择题

1. C	2. C	3. A	4. A	5. A	6. B	7. A
8. B	9. B	10. B	11. C	12. A	13. B	14. C
15. A	16. A	17. A	18. A	19. A	20. B	21. B
22. B	23. A	24. B	25. B	26. A	27. C	28. A
29. A	30. B					

(二)判断题

1. ×	2. √	3. √	4. √	5. √	6. √	7. √
8. ×	9. √	10. √	11. √	12. ×	13. ×	14. ×
15. √	16. √	17. √	18. ×	19. √	20. √	

第四部分　内燃钳工

(一)选 择 题

1. 活塞自下止点向上止点移动,进、排气门均关闭,进入汽缸内的空气被压缩,构成(　　)。

A. 进气冲程　　B. 排气冲程
C. 压缩冲程　　D. 做功行程

2. 喷油器的作用是以(　　)的高压将柴油雾化成极细的颗粒,均匀地喷入汽缸燃烧室中。

A. 18 ~ 20 MPa　　B. 180 ~ 200 MPa
C. 0.18 ~ 0.20 kPa　　D. 0.018 ~ 0.020 MPa

3. 凸轮轴是控制气门开闭时刻和运动规律的主要零件,凸轮轴上各(　　)的相互位置按照发动机规定的发火顺序排列。

A. 轴颈　　B. 轴承
C. 正时齿轮　　D. 凸轮

4. 目前轨道车车轴轴承箱使用的润滑脂大多是(　　)。

A. 钙基脂　　B. 锂基脂
C. 铝基脂　　D. 铁道轴承脂

5. 轨道车车轴齿轮箱使用的润滑油是(　　)。

A. 空压机油　　B. 机油
C. 齿轮油　　D. 双曲线齿轮油

6. 在发动机过热或飞车的情况紧急停车后,应(　　)一段时间,防止粘缸或拉缸。

A. 快速冷却　　B. 等待降温

C. 用撬棍拨动飞轮齿圈　D. 按启动按钮

7. 康明斯 NTC-290 发动机的发火顺序是(　　)。

A. 1 -4 -3 -6 -2 -5　B. 1 -5 -4 -3 -2 -6

C. 1 -5 -2 -6 -3 -4　D. 1 -5 -3 -6 -2 -4

8. 发动机型号表示产品的主要特性和性能,135 系列柴油发动机中的“135”表示柴油机的(　　)。

A. 行程　B. 缸径　C. 排量　D. 容积

9. (　　)能够防止自动挂挡或脱挡,保证挡位上全齿长啮合。

A. 换挡装置　B. 互锁装置

C. 自锁装置　D. 操纵装置

10. 空气压缩机和总风缸用以产生和储存压缩空气,总风缸的风压一般为(　　)kPa。

A. 450 ~490　B. 490 ~500

C. 800 ~900　D. 600 ~700

11. 活塞装入汽缸时,活塞环口第一道环应与活塞销中心线成(　　)角。

A. 45°　B. 90°　C. 180°　D. 40°

12. (　　)装于左风包的上端,其用途是当调压器发生故障,空气压缩机运转失去控制时,防止总风缸压力超压而发生危险。

A. 安全阀　B. 调压阀　C. 卸荷阀　D. 单向阀

13. 为了发动机输出动力平衡,工作均匀,六缸发动机的曲轴上每隔(　　)有一个工作行程。

A. 60°　B. 120°　C. 180°　D. 240°

14. 车轴齿轮箱的功用是将旋转方向改变(　　),并将输入的扭矩放大,以驱动轮对。

A. 90°　B. 45°　C. 180°　D. 120°

15. 离合器调整分离拨叉和分离轴承的移动耳之间应有(　　)mm 的间隙，此间隙反映在离合器踏板上的自由行程是40 ~ 60 mm。

A. 2　　B. 5　　C. 1　　D. 3

16. 蓄电池密度应按(　　)调整。

A. 蓄电池规格　　B. 电流大小

C. 温度　　D. 季节

17. 发动机水温低于(　　)℃时，节温器伸缩筒缩紧，主阀关闭，切断通向散热器的水路，称小循环。

A. 40　　B. 50　　C. 70　　D. 75

18. 喷油泵的基本要求是根据柴油机的(　　)供应所需燃油量。

A. 功率　　B. 工作循环

C. 负荷大小　　D. 转速

19. 发动机的上止点与下止点的距离称为(　　)。

A. 汽缸容积　　B. 压缩比

C. 活塞行程　　D. 工作容积

20. 将活塞环放入汽缸内，其开口处留有一定间隙叫(　　)。

A. 端隙　　B. 侧隙　　C. 背隙　　D. 开口间隙

21. 六缸发动机曲轴转角由 0° ~ 180°时，六缸为(　　)行程。

A. 压缩　　B. 排气　　C. 进气　　D. 做功

22. 发动机通过(　　)对外输出的功率称为有效功率。

A. 飞轮　　B. 变速器　　C. 曲轴　　D. 离合器

23. 轨道车液力变矩器的工作介质为(　　)。

A. 机油　　B. 齿轮油

C. 机械油　　D. 液力传动油

24. 轨道车同一车轴两轮轮径不得大于(　　)mm。

A. 2　　B. 3　　C. 1　　D. 4

25. 运行中的轨道车车轮轮辋厚度不应少于(　　)mm。

A. 20　　B. 22　　C. 23　　D. 25

26. 液压系统允许作用压力大于 8 MPa 小于 16 MPa 的液压泵称为(　　)。

A. 中压泵　　B. 超高压泵

C. 低压泵　　D. 高压泵

27. 轨道车双极式车轴齿轮箱第一级传动使用(　　)。

A. 圆锥齿轮　　B. 圆柱齿轮

C. 斜齿齿轮　　D. 螺旋齿轮

28. 金属材料在变动应力(　　)下发生的破坏称为疲劳破坏。

A. 过载作用　　B. 快速作用

C. 长期作用　　D. 超负荷作用

29. 轴与孔的配合有三种情况，即动配合、静配合和(　　)。

A. 过渡配合　　B. 轴孔配合

C. 过盈配合　　D. 间隙配合

30. 当制动缸缓解弹簧折断时，制动后产生(　　)。

A. 不产生制动　　B. 不能缓解

C. 制动失灵　　D. 制动时间过长。

31. 当柴油发动机汽缸盖有裂纹与水道相通时，有水滴入汽缸；或者汽缸或汽缸套有沙眼裂纹漏水时，发动机会(　　)。

A. 抖动　　B. 排气冒蓝烟

C. 排气冒白烟　　D. 排气冒黑烟

32. 离合器打滑的原因之一是踏板自由行程(　　)。

A. 有油污　B. 过大　　C. 过小　　D. 卡死

33. 当柴油机发动机润滑油加入过多时,发动机(　　)。

A. 动力不足　　　　　B. 排气冒白烟

C. 排气冒黑烟　　　　D. 排气冒蓝烟

34. 启动发动机,拉紧手制动,挂上低速挡,慢慢抬高离合器踏板,徐徐加大油门起步,车体不动,发动机也不熄火,说明离合器(　　)。

A. 发抖　　　　　　B. 分离不彻底

C. 正常　　　　　　D. 打滑

35. 四冲程发动机在进气行程时,进入气缸的是(　　)。

A. 纯空气　　　　　B. 氧气

C. 可燃混合气　　　D. 燃料

36. 扭曲环之所以会扭曲是因为(　　)。

A. 加工成扭曲　　　B. 环断面不对称

C. 气体压力的作用　D. 惯性力的作用

37. 活塞的最大磨损部位一般是(　　)。

A. 头部　　B. 裙部　　C. 顶部　　D. 环槽

38. 为了减轻磨损,通常对(　　)进行镀铬。

A. 第一道环　　　　B. 所有气环

C. 油环　　　　　　D. 气环和油环

39. 下列各零件不属于气门传动组的是(　　)。

A. 气门弹簧　　　　B. 挺柱

C. 摇臂轴　　　　　D. 凸轮轴

40. 为了使气门座圈与汽缸盖结合良好,其装配时不能采用(　　)的方法。

A. 压入再冲压四周

B. 加热圈座

C. 将气门座圈在液氮中冷却

D. 过渡配合

41. 柴油机启动困难,但采用(　　)能顺利启动的,一定是低压油路故障。

A. 每次泵几十下输油泵的手油泵后

B. 用其他车辆拖发

C. 多次预热或用热水加温发动机后

D. 换新的蓄电池后

42. 水冷却系中,冷却水的大小循环由(　　)控制。

A. 风扇　B. 百叶窗　C. 节温器　D. 分水管

43. 把发动机上的节温器拆除后,则发动机工作时冷却水(　　)。

A. 只有大循环　B. 只有小循环

C. 大小循环同时存在　D. 冷却水将不循环

44. 带传动是依靠(　　)来传递运动和动力的。

A. 主轴的动力　B. 主动轮的转矩

C. 带与带轮摩擦力

45. 我国法定计量单位中,力矩的单位名称是(　　)。

A. 牛顿米　B. 千克力米

C. 公斤力米

46. 蓄能器的作用是(　　)。

A. 作辅助能源　B. 补充泄漏和保压

C. 吸收液压冲击　D. 以上三个都不是

47. 液压传动的动力部分的作用是将机械能转变成液体的(　　)。

A. 热能　B. 电能　C. 压力势能

48. (　　)是用来调定系统压力和防止系统过载的压力控制阀。

A. 回转式油缸　B. 溢流阀

C. 换向阀

49. 液压系统的油箱中油的温度一般在(　　)℃范围内比较合适。

A. 40 ~ 50　　B. 55 ~ 65

C. 65 ~ 75

50. 流量控制阀是靠改变(　　)来控制、调节油液通过阀口的流量,而使执行机构产生相应的运动速度。

A. 液体压力大小　　B. 液体流速大小

C. 通道开口的大小

51. 滚动轴承的温升不得超过(　　)℃,温度过高时应检查原因并采取正确措施调整。

A. 60 ~ 65　　B. 40 ~ 50

C. 25 ~ 30

52. 将滚动轴承的一个套圈固定,另一套沿径向的最大移动量称为(　　)。

A. 径向位移　　B. 径向游隙

C. 轴向游隙

53. 轴承在使用中滚子及滚道会磨损,当磨损达到一定程度,滚动轴承将(　　)而报废。

A. 过热　　B. 卡死

C. 滚动不平稳

54. 锥齿轮装配后,无负荷检验接触点时,斑点位置应在齿的(　　),以免重负荷时,大端区应力集中造成很快磨损。

A. 中部稍偏小端　　B. 中部

C. 中部稍偏大端

55. 润滑油的黏度标志着流动性能,稀稠程度,黏度大的润滑油能承受大的载荷(　　)。

A. 流动性能低　　　　B. 流动性能好

56. 运动副承受载荷愈大,选用润滑油的黏度(　　),并要求油性好。

A. 愈高　　　　B. 愈低

57. 实践表明,斜齿圆柱齿轮传动较直齿圆柱齿轮传动平稳承载能力大,主要是原因是斜齿轮的(　　),并且同时啮合的齿数多。

A. 材料强度大　　　　B. 重选系数比直齿轮小

C. 重选系数比直齿轮大

58. 键连接主要用于连接轴与轴上零件,实现周向固定并(　　)。

A. 定位　　　　B. 传递转矩

C. 连为一体

59. 往复式空压机中的压缩空气是依靠在气缸内做(　　)的活塞来进行的。

A. 圆周运动　　　　B. 振动

C. 往复运动

60. 储存和释放液体压力能的装置是(　　)。

A. 油箱　　　　B. 油缸

C. 蓄能器

61. 滑移齿轮块与轴之间的连接,应选用(　　)。

A. 较紧键连接　　　　B. 一般键连接

C. 较松键连接

62. 在阶梯轴中间部位上,装有一个轮毂,工作中随较大的双向轴力,对该轮毂应采用(　　)方法进行轴向固定。

A. 弹簧挡圈　　　　B. 轴肩与轴套

C. 轴肩与圆螺母

63. 有一齿轮装在轴端,轴的结构情况是有轴肩,工作时受较大轴向力，用(　　)方法固定较合适。

A. 用带有锁紧装置的轴端挡圈

B. 圆螺母

C. 锥形轴端定位，再用轴端挡圈

64. (　　)可以使在同一轴上存在两种不同的转速。

A. 侧齿离合器　　B. 摩擦离合器

C. 超越离合器

65. (　　)联轴器工作时应当成对使用。

A. 齿式　　B. 十字滑块式

C. 万向

66. 齿条可以看作(　　)齿轮。

A. 不是　　B. 直径无限大的

67. 刀具表面涂层硬质合金，目的是为了(　　)。

A. 美观　　B. 防锈

C. 提高耐用度

68. 在安装过盈量较大的中大型轴承时，宜用(　　)。

A. 热装　　B. 锤击　　C. 冷装

69. 制造各种结构复杂的刀具的常用材料是(　　)。

A. 碳素工具　　B. 高速钢

C. 硬质合金

70. 单位时间内通过某断面的液压流体的体积，称为(　　)。

A. 流量　　B. 排量　　C. 容量

71. 装拆内角螺钉时，使用的工具是(　　)。

A. 套筒扳手　　B. 内六方扳手

C. 锁紧扳手

72. 攻丝前的底孔直径应(　　)螺纹小径。

A. 略大于　　B. 略小于　　C. 等于

73. 国家标准规定,机械图样中的尺寸以(　　)为单位。

A. 毫米　　B. 厘米　　C. 丝米　　D. 英寸

74. 轴 ϕ50 mm 与孔 ϕ50 mm 的配合是(　　)。

A. 间隙配合　　B. 过渡配合

C. 过盈配合

75. 平键与键槽的配合一般采用(　　)。

A. 间隙配合　　B. 过渡配合

C. 过盈配合

76. 某液压千斤顶,小活塞面积为 1 cm^2,大活塞为 100 cm^2,当在小活塞上加 5 N 力时,如果不计摩擦阻力等,大活塞可产生(　　)N 的力。

A. 100　　B. 1 000　　C. 500　　D. 50

77. 有一直齿圆柱齿轮,$m=4$,$Z=36$,它的分度圆直径为(　　)。

A. 152　　B. 134　　C. 144　　D. 140

78. 在铸铁工件上攻制 M10 的螺纹,底孔应选择钻头直径为(　　) mm。

A. ϕ10　　B. ϕ9　　C. ϕ8.4

79. 向心球轴承适用于承受(　　)载荷。

A. 轴向　　B. 径向　　C. 双向

80. 推力轴承适用于承受(　　)载荷。

A. 轴向　　B. 径向　　C. 轴向与径向

81. 滑动轴承的轴瓦主要失效形式是(　　)。

A. 折断　　B. 塑性变形

C. 磨损

82. 在两轴轴线相交的情况下,可采用(　　)。

A. 带轮传动　　B. 链轮传动

C. 圆锥齿轮传动

83. 滑动轴承一般用在转速(　　)的场合。

A. 较低　　B. 很高

84. 轴承在高速旋转时宜用(　　)。

A. 脂润滑　　B. 油润滑

85. 两轴的中心距较大时宜选用(　　)传动。

A. 齿轮　　B. 蜗轮蜗杆

C. 带轮

86. 制造刀具和工具一般选用(　　)。

A. 普通碳素钢　　B. 碳素工具钢

C. 结构钢

87. 制造各种弹簧宜选用(　　)。

A. 可锻铸铁　　B. 高速钢

C. 弹簧钢

88. 机床上的照明设备和常移动的手持电器都采用(　　)V 以下电压,即安全电压。

A. 18　　B. 220　　C. 36　　D. 12

89. 操作轨道车换挡时,在熟练掌握(　　)的情况下,可采用快速换挡法。

A. 一脚离合器　　B. 换挡位置

C. 两脚离合器　　D. 不用离合器

90. 内燃机最适宜的工作温度范围是(　　)℃。

A. 80 ~ 90　　B. 70 ~ 80

C. 95 ~ 100　　D. 95 ~ 105

91. 停车前使发动机怠速运转(　　)min,让润滑油和冷却水带走燃烧室、轴承和轴等部位的热量,这对涡轮增压式发动机尤为重要。

A. 3 ~ 5　　B. 1 ~ 2

C. 10 ~ 20　　D. 6 ~ 10

92. 轨道车采取的制动机,先以(　　)作为动力。

A. 液压　　B. 压缩空气

C. 电力　　D. 机械力

93. 康明斯 NTC-290 柴油发动机进排气门间隙为(　　)。

A. 进气 0.28 mm,排气 0.58 mm

B. 进气 0.36 mm,排气 0.69 mm

C. 进气 0.20～0.30 mm,排气 0.30～0.35 mm

D. 进气 0.30～0.35 mm,排气 0.35～0.40 mm

94. 轨道车行驶一段时间后,用手摸齿轮箱,若装配轴承处感到烫手,说明轴承(　　)。

A. 装配过紧　　B. 装配过松

C. 缺油　　D. 有损坏

95. 6135 型柴油机发动机气门的调整,当第一缸活塞处于膨胀冲程始点,可调整排气门的汽缸序号是(　　)。

A. 1、3、5　　B. 1、2、4

C. 3、5、6　　D. 2、4、6

96. 发动机曲轴光磨前应进行(　　)检查。

A. 弯曲　　B. 不圆度检查

C. 圆柱度检查　　D. 探伤检查

97. 轨道车车轴和轮毂采用(　　)组装而成。

A. 冷压式　　B. 热压式

C. 间隙配合

98. 塑性可通过(　　)试验的方法测得,以伸长率和断面收缩率等指标表示。

A. 拉伸　　B. 拉伸和压缩

C. 压缩　　D. 拉伸或压缩

99. 运行中车辆进行电控换向,会导致(　　)。

A. 烧坏保险　　　　　　B. 打坏换向箱齿轮
C. 损坏变速箱齿轮　　　D. 损坏轮对

100. NTC-290 康明斯发动机气门工作面角度是(　　)。
A. 进气 30°,排气 30°　　B. 进气 45°,排气 45°
C. 进气 45°,排气 30°　　D. 进气 30°,排气 45°

(二)判 断 题

1. 气门导管的主要功用是保证气门作往复直线运动,使气门与气门座正确闭合,此外还有导热作用。　　(　　)

2. 水泵的作用是强制加速水套内水的循环流转,增强冷却效能。　　(　　)

3. 汽缸盖螺栓是紧固汽缸盖和汽缸体的连接件,一般用优质合金钢制造。　　(　　)

4. 汽缸垫保证结合面有良好的密封性,装配时应注意将光滑的一面朝汽缸体,否则容易被燃气冲坏。　　(　　)

5. 发动机通过飞轮对外输出的扭矩称为有效扭矩。　　(　　)

6. 单向阀的作用是使高压空气只能单向流动,而不能返回流动。　　(　　)

7. 安全阀装于风缸的上端,为空气制动系统的保护装置。　　(　　)

8. 减压阀的功用是将总风缸 0.69 kPa 的高压气体,经减压阀降为 0.49 kPa,避免由于制动力过大,使闸瓦抱死轮对造成滑行而导致擦伤。　　(　　)

9. 在运行中,轨道车速度降低以后,适时减低一级挡位,严禁高转速低挡位运行。　　(　　)

10. 活塞每四个行程或曲轴旋转两周完成一个工作循环的发动机称为四行程发动机。　　(　　)

11. 气门间隙过大或者过小都会造成发动机功率下降。 （ ）

12. 轨道车辆的车轮和车轴采用的是间隙配合。（ ）

13. 长时间怠速运转对发动机是不利的，因为燃烧室温度过低，使燃油不能完全燃烧，这将引起积碳，从而堵塞喷油嘴喷孔和活塞环，并可能卡住气门。 （ ）

14. 空气滤清器的作用是滤去空气中的灰尘，减少汽缸磨损。 （ ）

15. 换向箱的作用是变换轨道车正行和逆行，把变速器的动力分别传到前后车轴齿轮箱。 （ ）

16. 工作温度越高，选用的润滑脂滴点越低。 （ ）

17. 活塞与气缸壁间隙过大易出现拉缸。 （ ）

18. 活塞环的泵油作用，可以加强对气缸上部的润滑，因此是有益的。 （ ）

19. 高速发动机为了提高充气性能和排气性能，往往采用增加进气提前角和排气迟后角的方法。 （ ）

20. 为了提高气门与气门座的密封性能，气门与座圈的密封带宽度越小越好。 （ ）

21. 喷油提前角越早，柴油燃烧的时间越早，燃烧越充分。 （ ）

22. 因为柴油比汽油蒸发性好，所以柴油不需点燃，依靠压缩行程终了时气体的高温即可自燃。 （ ）

23. 润滑系统主油道中压力越高越好。 （ ）

24. 润滑系统中旁通阀一般都安装在粗滤器中，其功用是限制主油道的最高压力。 （ ）

25. 为防止发动机过热，要求其工作温度越低越好。 （ ）

26. 风扇在工作时,风是向散热器方向吹的,以利散热。 (　　)

27. 汽缸盖螺栓应按规定拧紧力矩一次拧紧。 (　　)

28. V 形铁主要用来支承、安放表面平整的工件。 (　　)

29. 不能用锉刀当手锤或撬杠使用避免损坏或伤人。 (　　)

30. 溢流阀属于流量控制阀。 (　　)

31. 油缸属于液压系统的动力部分。 (　　)

32. 液压传动能在较大范围内较方便地实现无级调速。 (　　)

33. 油泵的吸油高度比水泵及水高度小得多的原因是油液比水更易于汽化形成汽蚀。 (　　)

34. 目前液压系统压力不能选择使用太高压力,主要原因是密封技术达不到要求。 (　　)

35. 油泵及气口有空气被吸入会引起泵噪声大,工作机构爬行,压力波动较大,产生冲击等一系列故障。 (　　)

36. O 形密封圈用于旋转密封时,密封能力比用静密封时更大。 (　　)

37. 机械自然磨损是机件在正常的工作条件下,金属表面逐渐增长的磨损。 (　　)

38. 顺序阀是用来使出口压力小于进口压力的压力调节阀。 (　　)

39. 压力继电器的工作原理是利用液体压力控制电气触头,从而将液压信号转换为电气信号,使电器元件动作以实现程序控制和安全保护作用。 (　　)

40. 液动机随负载变化引起运动速度时快时慢(甚至时走时停)的现象,称为爬行运动。 (　　)

41. 液压系统存在有空气，液动机可能出现爬行现象。 ( )

42. 运转的机器部件，如果材料质量好，加工安装精度高，润滑，使用得当，可以避免产生磨损。 ( )

43. 黏度是润滑油选择的一项主要性能依据，黏度大的润滑油流动性差，能承受的载荷也小，油膜也难以形成。 ( )

44. 材料在受到外力作用时抵抗破坏（过量塑性变形或断裂）的能力，称为强度。 ( )

45. 材料承受载荷 P 除以其原始横截面积 F，所得数值称为该材料的所受的应力 δ。 ( )

46. 齿轮在高速重载下，局部接触区发生高温软化或熔化，互相黏接，软化齿面被撕下形成胶合沟纹，在重负载的齿轮传动中，齿面压力很大，油膜不易形成或者缺油，也会产生胶合现象。 ( )

47. 齿轮传动装配时应具有一定的侧间隙，这是补偿齿轮制造和装配偏差，热膨胀和保证形成油膜所必要的，因此，侧隙超过标准值的 2 倍对传动影响也不大。 ( )

48. 滚动轴承的受命是指在一定工作载荷下可正常运转的时间或者正常运转的转数。 ( )

49. 油泵进油管路堵塞将使油泵温度升高。 ( )

50. 装在油缸活塞上的密封件发生损坏，将直接影响油缸的推进。 ( )

51. 花键一般用来传递较小的力矩。 ( )

52. 半圆键可以在轴槽中沿槽底圆弧摆动，多用于锥形轴与轮毂的连接和轻载的轴连接。 ( )

53. 高速旋转机构的轴承外壳与孔间间隙过大，运转时将可能产生过大的附加力，引起振动，配合面严重磨损。

( )

54. 三角带传动是依靠三角带与轮槽间的摩擦力来传递运动和动力的，因此，只要保证不超过三角带的许用拉力，张紧力越大越有利。 ( )

55. 质量分布不均匀的构件在回转中，都要产生惯性力和惯性力矩，会引起附加力。附加力对高速、重型和精密机构影响十分严重。 ( )

56. 过盈连接是依靠包容件和被包容件之间的摩擦力和摩擦力矩来传递力和扭矩的。 ( )

57. 铰孔是为了得到尺寸精度较高，粗糙度较小的孔的方法，铰孔时，要求手法有特殊要求，其中，手铰时，两手应用力均匀，按正反两个方向反复倒顺扳转。 ( )

58. 斜齿轮传动的平稳性和同时参加啮合的齿数，都比直齿轮高，所以斜齿轮多用于高速，重负荷传动。 ( )

59. 蜗杆传动的效率和蜗轮的齿数有关。 ( )

60. 滚动轴承在安装时，对内外圈除作轴向固定外，还要对外圈作较松的周向固定，对内圈作较紧的周向固定。

( )

61. 采用圆螺母固定轴上零件的优点是对轴上零件的拆装方便，固定可靠，能承受较大的轴向力。 ( )

62. 油压千斤顶实际上是利用油液作为工作介质的一种能量转换装置。 ( )

63. 帕斯卡原理是在密封容器中的静止液体，当一处受到压力作用时，这个压力将通过液体传到连通器的任意点上，而且其压力值处处不相等。 ( )

64. 液压传动系统中，若将油箱完全密封起来，不仅可防尘，防潮，液压泵同样能把油液吸出来。 ( )

65. 液压控制阀是通过改变通流面积或通流方向来达到控制目的,所以在系统中不作功,只对执行元件起控制作用。( )

66. 在圆柱斜齿轮传动中,如果两斜齿轮作内啮合传动,则两轮的轮齿螺旋方向应相同。( )

67. 驱动发动机时,待发电机怠速运转 5 min 才可以送电。( )

68. 活塞环按其主要功用不同,分为气环和油环,装在活塞头部上端的是油环。( )

69. 轨道车制动系统的动力来自空压机。( )

70. 常用制动时,最大减压量一般为 120 kPa。( )

71. 空压机卸荷阀的作用是根据调节阀的压力开闭空压机的进气管道。( )

72. 双 H 气阀失效时可导致变速箱副箱不能挂挡。( )

73. 液压电磁换向阀故障时,可导致作业平台不能升降。( )

74. JW-3A 型作业车作业平台上升时,液压系统工作压力为 12 MPa。( )

75. 离合器可以防止传动机构超负荷。( )

76. 当柴油发动机喷油量过大时,排气冒白烟。( )

77. 风扇皮带过紧,会使发动机轴承和水泵轴承磨损加剧。( )

78. 发动机油箱堵塞,可造成发动机运转不稳定。( )

79. 离合器踏板没有自由行程时,车辆不容易挂挡。( )

80. 车轴齿轮箱和变速箱、换向箱一样采用的是飞溅润

滑。 ( )

81. 福勒变速箱中间轴是采用轴承支撑的。 ( )

82. JW-3 型作业车在风压低于400 kPa 时车辆无法起步。 ( )

83. 液压系统中溢流阀的作用是调节作业平台的工作压力。 ( )

84. 控制作业平台工作的紧急按钮不回位时,在平台上无法操作作业平台。 ( )

85. 康明斯发动机低压油路稍微有空气进入时,不影响发动机启动。 ( )

86. 发动机 PT 泵上的电磁阀手动关闭时,发动机不能启动。 ( )

87. 发动机停车一个月以上,重新启动时,应该先润滑增压器滑动轴承。 ( )

88. 一般情况下变速箱温度升高不超过 30 ℃。 ( )

89. 发电机向电瓶充电时,车辆操作面板上电流表的指针偏向 0 刻度左边。 ( )

90. 辆车连挂时,车钩的高度差不超过 80 mm。 ( )

91. 强度是指材料抵抗外力破坏所承受的能力。( )

92. 一般情况下,铸铁件不能焊接。 ( )

93. 轴承处于高速旋转状态下,所以轴承的材料一般比轴要硬。 ( )

94. 气动马达电磁开关内有两个线圈,分别是保护线圈和吸引线圈。 ( )

95. JW-3 型作业车康明斯发动机的充电发电机没有调节器。 ( )

96. 轨道车在高速情况下使用紧急制动后,可能切断车轴。 ( )

97. 空气滤清器堵塞会影响发动机功率。（　）

98. 传动轴万向节方向不一致时，会导致车辆在运行中发抖。（　）

99. 冷车时，将活塞环放入气缸内，其开口处留有一定间隙，这个间隙叫做端隙。（　）

100. 离合器总成的装配和拆卸方法相同，装配时次序和拆卸时相反。（　）

参考答案

(一)选 择 题

1. C	2. A	3. D	4. B	5. A	6. C	7. D
8. B	9. C	10. D	11. A	12. A	13. B	14. A
15. D	16. C	17. C	18. C	19. C	20. D	21. C
22. A	23. D	24. C	25. C	26. A	27. A	28. C
29. A	30. B	31. C	32. C	33. D	34. D	35. C
36. A	37. B	38. A	39. A	40. D	41. A	42. C
43. A	44. C	45. A	46. A	47. C	48. B	49. B
50. C	51. A	52. B	53. C	54. A	55. A	56. A
57. C	58. B	59. C	60. C	61. C	62. C	63. B
64. C	65. C	66. B	67. C	68. C	69. A	70. B
71. B	72. C	73. A	74. B	75. B	76. C	77. A
78. A	79. B	80. C	81. C	82. C	83. B	84. B
85. C	86. B	87. C	88. C	89. C	90. A	91. A
92. B	93. A	94. A	95. B	96. D	97. A	98. A
99. B	100. A					

(二)判 断 题

1. √	2. √	3. √	4. √	5. √	6. √	7. √
8. √	9. √	10. ×	11. ×	12. ×	13. √	14. √
15. √	16. ×	17. √	18. ×	19. ×	20. ×	21. ×
22. ×	23. ×	24. ×	25. ×	26. ×	27. √	28. √
29. √	30. ×	31. ×	32. √	33. √	34. √	35. √
36. ×	37. √	38. ×	39. √	40. √	41. √	42. ×
43. ×	44. √	45. √	46. √	47. ×	48. √	49. √

50. ×	51. ×	52. √	53. √	54. ×	55. √	56. √
57. ×	58. √	59. ×	60. √	61. √	62. √	63. ×
64. ×	65. √	66. √	67. ×	68. ×	69. √	70. ×
71. √	72. √	73. √	74. ×	75. √	76. ×	77. √
78. √	79. ×	80. ×	81. ×	82. √	83. ×	84. √
85. √	86. √	87. √	88. ×	89. ×	90. ×	91. √
92. √	93. ×	94. √	95. ×	96. √	97. √	98. √
99. √	100. √					